高等学校新国贸创新系列教材

GUOJI JINGJI YU MAOYI ZONGHE ANLI FENXI

国际经济与贸易综合案例分析

主　编　高运胜
副主编　沈克华　马文杰

中国教育出版传媒集团
高等教育出版社·北京

内容提要

本书是高等学校新国贸创新系列教材之一。

本书共分三篇,分别是国际贸易、国际投资、跨国经营管理。各案例内容均选自行业中具有代表性的企业的生产经营活动,并结合了疫情期间客户关系管理、境外经贸合作园区全产业链投资模式、对外投资的跨文化管理等热门主题。通过学习本书,可更好地掌握对外贸易新业态、对外投资新模式与跨国管理新理念。

本书既可作为高等学校经济与管理相关专业的专业课教材,也可作为从业人员自学用书。

图书在版编目(CIP)数据

国际经济与贸易综合案例分析 / 高运胜主编. —北京:高等教育出版社,2023.10

ISBN 978 - 7 - 04 - 059801 - 8

Ⅰ. ①国… Ⅱ. ①高… Ⅲ. ①国际经济学-案例-高等学校-教材②国际贸易-案例-高等学校-教材 Ⅳ. ①F11②F74

中国国家版本馆 CIP 数据核字(2023)第 014683 号

| 策划编辑 | 张正阳 | **责任编辑** | 张正阳 | **封面设计** | 张文豪 | **责任印制** | 高忠富 |

出版发行	高等教育出版社	**网 址**	http://www.hep.edu.cn
社 址	北京市西城区德外大街 4 号		http://www.hep.com.cn
邮政编码	100120	**网上订购**	http://www.hepmall.com.cn
印 刷	上海叶大印务发展有限公司		http://www.hepmall.com
开 本	787mm×1092mm 1/16		http://www.hepmall.cn
印 张	9.25		
字 数	179 千字	**版 次**	2023 年 10 月第 1 版
购书热线	010-58581118	**印 次**	2023 年 10 月第 1 次印刷
咨询电话	400-810-0598	**定 价**	22.00 元

前　言

近年来，新冠疫情世界范围内蔓延、中美贸易摩擦深化不仅对全球生产链、供应链与价值链重构造成巨大影响，也导致不同类型跨国企业开展贸易、投资及跨国经营管理模式发生重大变革。为了适应国际经贸领域快速发展变化，提高跨国经营与管理人员面对国际商务环境巨大变化的应变能力，上海对外经贸大学国际经贸学院编写适用于商科经济管理类本科、研究生及国际商务从业人员使用的《国际经济与贸易综合案例分析》，旨在通过企业实际案例更好掌握对外贸易新业态、对外投资新模式与跨国管理新理念。

本书内容分为三篇，其中第一篇为国际贸易，内容包括兰生集团大宇公司的离岸贸易、巨星科技与大疆公司国际市场竞争力提升；第二篇为国际投资，内容主要包括融创公司的高周转模式，天津聚龙集团在印度尼西亚建立国家级境外经贸合作园区全产业链投资模式等；第三篇为跨国经营管理，涉及跨文化管理、人力资源危机及疫情背景下客户关系管理等。

本书主要特色包括：

1. 选题新颖。选择当前离岸贸易、疫情期间客户关系管理、境外经贸合作园区全产业链投资模式及对外直接投资面临的跨文化管理等新颖话题。

2. 案例精选。案例均选择行业中的龙头或代表性企业跨国生产经营活动，包括万达集团的国际化之路，福耀玻璃的东西方文化碰撞，巨星科技与大疆公司等如何开拓国际市场及提升国际竞争力。

3. 理论扎实。案例集均对案例所涉及的相关理论进行剖析，对企业投资及经营管理等进行指导。

4. 深入思考。案例集中每个案例均配有思考题，便于学习者通过思考题更好地理解该案例。

本书具体写作分工如下：案例一（沈克华副教授），案例二（茹玉骢教授），案例三（雷辉副教授），案例四（景瑞琴副教授），案例五（高运胜教授），案例六与案例七（车春鹂副教授），案例八（马文杰博士），案例九（金泉副教授），案例十（徐建平副教授）。全书由高运胜教授负责统稿。

　　本书的出版感谢上海市教委应用经济学一流本科建设引领计划资助，同时衷心感谢案例涉及的相关企业。

编　者

2023 年 8 月

目　录

PART __ **01**

第一篇　国际贸易

案例一 离岸贸易的领头羊
——兰生大宇

 学习目标

1. 了解传统国际贸易方式和新型国际贸易方式的特点及差异。
2. 理解贸易方式改变的根本原因,把握新型贸易方式离岸贸易的发展趋势。
3. 掌握不确定条件下公司战略和市场选择战略之间的关系,利用经济学的相关理论结合企业经营环境进行战略决策。

 课前思考

1. 进出口贸易的一般流程是怎样的? 涉及的相关部门有哪些? 受到哪些贸易政策的影响?
2. 货物流、单证流、资金流在传统贸易和离岸贸易中的差异如何? 如何协调?
3. 进出口公司的设立要求有哪些? 进出口公司的经营权限如何?
4. 新型贸易方式离岸贸易的结算方式和结算单据有何区别?
5. 兰生大宇的中外合资双方的优势分别是什么?
6. 兰生大宇目前发展的瓶颈是什么? 未来经营发展如何进行战略调整?

 案例正文

　　周一的早晨兰生大宇有限公司(简称"兰生大宇")总经理迈克早早地来到了办公室。初春早上的阳光透过落地窗投在气派的办公桌上,但是迈克没有心情感受这早春晨曦的清新,他眉头紧锁,透过落地窗凝望着黄浦江对面的东方明珠,陷入了沉思。巴西棉花质量很好,亚洲作为纺织品重要生产基地对棉花具有大量的需

求,而兰生大宇由于地处物流基础设施较好、仓储配套服务较完备的国际贸易中心城市上海,成为兰生大宇棉花交易理想的集散地。巴西棉花采购后运至上海洋山港保税区进行短暂储存(并不进入中国关境内),然后再根据交易进展发往越南、柬埔寨等亚洲地区纺织品生产地。这种交易从贸易方式上而言,属于离岸贸易。与传统的贸易方式相比,离岸贸易的显著特点是交易所涉货物并不进出贸易商的经营所在地(关于离岸贸易的介绍请参考本章第四点"贸易方式、离岸贸易与国际贸易中心城市功能"的相关内容)。因此,离岸贸易业务操作的基本特征是物流、单证流、资金流三流分离。中国是一个实行严格外汇管制的国家,因此中间商从事以货物流、资金流和订单流"三流不一"为重要特征的离岸贸易时,往往因难以证实货物交易的真实性而无法申请到外汇,从而使业务无法进行。但是,由于上海综合保税区是海关实行封闭监管的特定区域,在海关、外汇和商检等政策方面的便利化程度高于我国其他区域。因此,目前离岸贸易业务在上海综合保税区得以进行。兰生大宇的离岸贸易主要通过其外高桥保税区兰生大宇国际贸易有限公司(简称外高桥兰生大宇)操作。

　　围绕巴西棉花交易,兰生大宇业务部春节前经过 3 个多月的激烈磋商和巴西棉花供应商签订了棉花采购合同。新年的团拜会上,总经理迈克还对业务部的工作大加赞赏。业务三部没有辜负迈克的期望,开春就拿下了销往柬埔寨的大单。上周五下午 2 点,COSCO 已经将巴西棉花运至洋山港保税区,短暂停留后即发往柬埔寨,但是遇到了棉花落地的尴尬。由于棉花属于法定检验商品,只要在中国落地就必须进行检验。申请商检需要企业提供商检注册号(register No.),而只有具有进出口经营权的企业才有商检注册号(register No.)。但是由于经营该批业务的公司主要操作离岸贸易业务,无传统意义上的进出口业务,因此,兰生大宇无法对该批棉花申请报检。船已经在码头停了 2 天了,滞期费不是个小数目,必须赶快解决。昨天晚上业务经理米歇尔来电,说业务部周末的奔波也不尽如人意。迈克看了一下手表,已经是 8 点 55 分了,9 点钟的例会马上开始了。他收回凝思,快步走向会议室。米歇尔带领业务部同事已经等在会议室准备向他汇报解决方案。接下来 9:30 与合资方韩国大宇的负责人视频会议将最终确定方案。

一、公司背景

(一)兰生大宇公司简介

　　兰生大宇是原外经贸部批准设立的全国首批中外合资对外贸易公司之一,成立于 1997 年 8 月。它是由原上海兰生(集团)有限公司(现上海东浩兰生集团)和韩国大宇株式会社共同出资组建的,其注册资本为 1 亿元人民币,其中中方出资 5 100 万元人民币,占注册资本的 51%;韩方出资 4 900 万元人民币,占注册资本的 49%,公司注册在上海浦东新区,合资期限为 20 年。

中方合资方上海兰生(集团)有限公司是 1994 年 10 月由上海市政府批准组建的国有大型企业集团。兰生集团的经营范围以进出口贸易为主,涵盖国际运输、工业制造、生物医药、房产、宾馆、高科技投资、服务贸易等行业。现有成员企业 9 家,其中,上海兰生股份有限公司是全国外经贸系统第一家上市公司。目前,集团拥有总资产近 30 亿元,净资产 10 多亿元,是上海市现代企业制度改革和国有资产授权经营试点企业之一。集团及下属企业与世界 130 多个国家和地区、2 000 多家客户有贸易往来,被列入 1999 年中国出口额最大的企业前 50 位之一,经济效益在全国同行中处于领先地位。集团控股的兰生国际货运公司、兰生集团国际物流公司,具有相对齐全的海上、陆上的运输能力和仓储、集装箱堆场等物流设施,能为国际贸易提供全面系统的服务。兰生集团公司在改革与发展中创造的经验,得到上级领导的充分肯定,被市领导誉为外贸行业改革的排头兵、领头羊。外经贸部领导称赞兰生公司是"上海乃至全国国有外贸企业改革的成功典范"。

外方合资方韩国大宇国际株式会社成立于 1967 年,曾经是韩国国民经济发展的先驱者。为保证各项运作正常进行,大宇株式会社重组为三个公司:贸易领域的大宇国际株式会社、建筑领域的大宇建筑株式会社和大宇株式会社本身。大宇株式会社在 37 个主要贸易国家设立贸易办事处。凭借其三十多年在国际市场的专门经验和人才资源、高品质的产品和国内外的营销网络系统的优势,大宇国际株式会社已经成为韩国贸易的领头羊,并正朝着做全球贸易领头羊的地位迈进。

优势互补是上海兰生(集团)有限公司和韩国大宇株式会社合资成立兰生大宇的初衷。中方拥有协调与中国本土各政府部门、机构之间关系的天然优势;韩方拥有通畅的销售渠道。双方在经营管理上形成了良性的互补关系。

(二) 公司主要业务

目前,离岸贸易是兰生大宇公司的主要贸易方式。1998 年,兰生大宇做成了可能是全中国第一笔真正意义上的离岸贸易,将泰国的大米出口至韩国。此后,公司离岸贸易业务快速增长,规模高达 6 亿美元。

兰生大宇的离岸贸易主要通过外高桥兰生大宇公司操作,其主要的离岸贸易方式和物流方式如表 1-1 所示。

表 1-1　外高桥兰生大宇主要的离岸贸易方式和物流方式

离岸贸易方式	物流方式	功　能
境内区外采购至境外 (图 1-1)	货物由境内区外直接报关出口至境外	出口导向型贸易结算中心(利用大宇的国际销售网络和兰生的国内采购优势)

续　表

离岸贸易方式	物流方式	功能
境外采购至境内区外（图1-1）	货物从境外直接报关进口至境内区外	进口导向型贸易结算中心（利用大宇的采购渠道和兰生的国内销售优势）
境外采购至境外（图1-2）	两种方式：货物两头在外或者货物由实际卖方的国内公司报关出口至境外	区域营运结算中心（订单处理、单据结算功能）
境外采购至保税区内（图1-3）	货物由境外直接报关进口至保税区内	区域集散中心（仓储、货物集散功能）

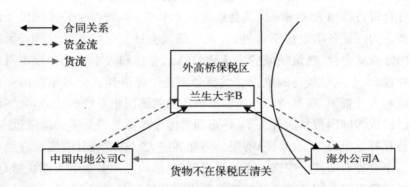

图1-1　离岸贸易"境内区外采购至境外或境外采购至境内区外"模式

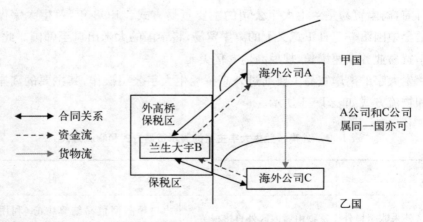

图1-2　离岸贸易"境外采购至境外"模式

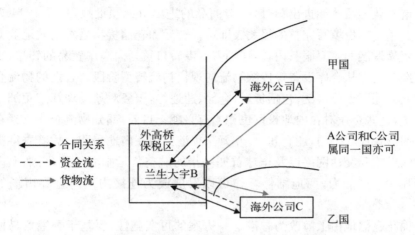

图 1-3　离岸贸易"境外采购至保税区内"模式

二、方案权衡

迈克走进会议室,刚才紧锁的眉头已经舒展,脸上仍是一如既往的微笑和活力。会议在业务经理米歇尔的方案汇报中开始。

方案 A:委托保税区仓库报检。

注册于上海外高桥保税区的专业性仓储物流公司,主要为进出口贸易公司提供各类保税仓储,含食品酒类、保健品、生活用品、电子产品、机械机器、化工原料、棉花等。保税区仓储公司一般具有管理各类仓库的专长,了解各种仓库的管理属性;拥有具有丰富经验的仓储管理人员,除提供货物储存管理、装卸车作业、拆装集装箱等服务外,还提供贴唛、打托、分拣、换包装等各类仓库增值服务,满足客户的一站式服务需求。保税仓库对客户储存的货物实施信息化管理,拥有与海关联网的保税仓库监管系统,保证客户货物进出保税区符合国家法律法规,同时使客户的储存货物得到高水准、低风险的管理。

委托保税区仓库报检方便、省心、快捷,但是必然会增加成本和风险。棉花交易是业务三部今年的主营业务,并且作为原材料类商品本身利润比较薄,如果每笔交易都增加报检代办费用,不仅降低公司利润,同时会降低棉花销售市场竞争力。因此,这种方案的长期可操作性有待商榷。

方案 B:棉花仓储地由上海改为香港。

香港是自由港,有形贸易不受管制,进出口自由。除为履行国际义务及维护香港安全,对贸易实行必不可少的管制外,进出口贸易都不受管制,享有极为广泛的自由空间。政府对企业经营进出口贸易没有限制,任何企业只要依法注册登记,即可从事进出口贸易。香港进出口手续极为简便。除少数受贸易管制的商品需进行事前申请并获准后才能进出口外,一般商品的进出口无须批报,只需于 14 天内向香港海关递交一份填写完整的报关表即可。转运和仓储货物是香港航运业支持香港转口贸易发展的主要服务内容,伴随着香港转口贸易向离岸贸易的转型,香港运输业的经营处在从仓库设备等传统物流向现代物流转型阶段。香港的物流企业所涉及的业务范围十分广泛,包括货运、仓储、速递等,服务对象以珠江三角洲一带的企业为主,这些企业对在内地投资也相当有兴趣。目前,部分物流企业已经在内地以合资的形式成立公司,还有超过 10 万家香港公司在内地采购。凭着香港拥有的一流运输设施和交通网络以及全球首屈一指的航空货运中心地位,再加上珠江三角洲的强大生产能力,两地结伴合作可以发展成为连接内地与世界市场的物流枢纽。

将棉花仓储地由上海改为香港这一方案的可实施性,要基于香港贸易便利化与不断提升的物流成本之间的权衡,同时也关系到兰生大宇的功能定位,因此这一方案需要兰生大宇管理层定夺。

听到米歇尔汇报将棉花仓储地由上海改为香港,大卫示意要发言。作为这次棉花交易的主要参与人员之一,大卫早上收到柬埔寨客户的邮件,客户提出为了使单证统一,原产地证书要由兰生大宇公司申请出具。大卫深知中国政府的规定,由于巴西棉花不是产自中国,中国商检局不会出具原产地证书。这个问题怎么办?早上大卫看米歇尔一直在忙,也没来得及汇报。现在听到米歇尔提到香港,大卫赶快把早上遇到的问题提了出来,并询问是否可以由兰生香港分公司向当地政府部门申请办理。香港作为世界卓著的国际贸易中心之一,拥有完善的贸易及与贸易相关的配套服务,设有专门的商检和认证服务机构。因为该批棉花产自巴西,只需要将供方提供的由巴西商检机构出具的原产地证书提交香港认证机构,香港认证机构以其为依据重新开立一份以兰生大宇为申请人的原产地证书就可以了。迈克听到这里,点头认可,同时对大陆进行离岸贸易的配套服务的滞后性摇头无奈。这也是影响兰生大宇在集团发展中角色定位的重要因素,看来迈克这位博士总经理还是要继续向政府部门呼吁改革配套服务措施。

方案 C:由经营该批业务的外高桥保税区兰生大宇国际贸易有限公司申请登记外贸经营权,获取商检注册号。

兰生大宇公司拥有两个分支,分别为上海兰生大宇有限公司和外高桥保税区兰生大宇国际贸易有限公司。为使账目清晰,以及享受的税收政策分开,外高桥兰生大宇公司仅操作离岸贸易业务,因而未申请进出口许可证;而传统意义上一般贸易的进出口业务则由申请外贸经营权的上海兰生大宇有限公司操作。由于中国现在外贸经营实行登记制,申请登记外贸经营权应该很方便。米歇尔补充道,申请注册外贸经营权是一个一劳永逸的事,因为棉花是季节性产品、需要短期囤货,因此后续大量的棉花交易都需要在洋山港保税区做短暂停留,都需要外高桥兰生大宇公司进行申报检验。

但是由于兰生大宇是合资公司，增加公司经营范围需要董事会投票表决，而召开董事会是一件比较麻烦的事，这可能成为外高桥保税区兰生大宇申请外贸经营权的羁绊。另外，董事会选择是否增加外高桥保税区兰生大宇的外贸经营权，要在由此而增加的税务成本、财务审计成本与由此而带来的收益之间进行权衡，不可能因为一笔交易而轻易决定。外高桥保税区兰生大宇在兰生大宇离岸贸易中到底扮演什么样的角色？上海外高桥保税区在仓储、货物集散功能的优势，是否会使外高桥保税区兰生大宇扮演区域集散中心的角色？这种角色是否会成为一种常态？而这一问题可能牵扯到今后兰生与大宇合作的过程中应如何部署战略。因此，由外高桥保税区兰生大宇申请登记外贸经营权，获取商检注册号，这一方案需要和合资方大宇进行商榷。

三、案例分析

对米歇尔汇报的三种方案，同事们就成本和收益的权衡及可操作性展开了讨论。今天米歇尔的三个方案是针对此次棉花落地的尴尬提出的，但是却再次触痛了迈克心里一直深埋的担忧：在离岸贸易中兰生大宇到底扮演什么角色？发挥何种作用？接下来与合资方大宇负责人的视频会议对米歇尔提出的三个方案的讨论也必然涉及这个问题。迈克要整理一下思路。

（一）离岸贸易中兰生大宇的角色定位是否需要改变

优势互补是上海兰生（集团）有限公司和韩国大宇株式会社合资成立兰生大宇的初衷。中方拥有比韩方更具有协调与中国本土各政府部门、机构之间关系的天然优势；而韩方则拥有通畅的国际销售渠道。由于国外采购和销售网络控制在合资方大宇的手里，所以，多年来，兰生大宇一直作为一家单纯的中国贸易公司而存在，成为连通国内市场和大宇国际产品采购和销售网络的枢纽，扮演的只是大宇国际销售和采购的单证处理中心的角色。上海不断提升的商务成本以及相比香港、新加坡等周边地区贸易中心逊色的贸易便利化，影响兰生与大宇合作中的价值地位以及合作的可持续性。未来兰生大宇在兰生和大宇合作中的战略定位是什么？

离岸贸易是兰生大宇的主要贸易方式。离岸贸易本质上属于服务活动的范畴。因此，离岸贸易的发展有利于推动与货物贸易有关的服务贸易的快速发展，促进我国外贸以有形产品贸易为主向货物贸易、服务贸易均衡发展的转变。同时，离岸贸易的发展推动我国贸易中心城市功能的转型。兰生大宇作为一家中国的现地法人公司，地处上海国际贸易中心城市，在已经积累了十几年经营经验的基础上，如何根据目前中国政府对未来五年的经济发展规划，活用相关的政策法规，充分利用股东双方的综合优势和对兰生大宇的期待，从而更加有效地发展和壮大自己，这是兰生大宇面临的一个非常重要而现实的课题。

(二) 兰生大宇的优势

1. 综合双方股东优势

兰生大宇的股东之一上海兰生(集团)为中国著名外贸集团,直属于上海市政府国资委,可灵活运用当地政府和人脉资源;而兰生大宇的股东大宇国际株式会社则具有连接世界各地的贸易渠道,可提供大量的国际贸易机会。此外,浦项制铁公司作为全球知名的 500 强企业加上大宇国际株式会社全球事业布局和世界级的管理经验将增加兰生大宇的经营优势。

2. 业务经营灵活多样

在提供进出口贸易、离岸贸易和资金融通等服务的基础上,近年来兰生大宇积极开拓国内贸易和品牌经营,争取从贸易多样化逐步发展成为经营多元化。

3. 优良企业资质

兰生大宇有超过 15 年法人独立经营经验,熟悉中国的法律法规和不断变化和更新的国际贸易政策,享受中国企业的贸易便利,同时能够结合跨国企业的资源优势,形成组合竞争优势。兰生大宇现有以下的经营资质将有助于在未来实现新的腾飞:

① 海关监管 AA 类企业;② 国家商务部颁发的进口成品油配额;③ 通过 ISO 9001 质量管理体系认证;④ 食品流通许可和酒类专卖许可;⑤ 上海市跨境贸易人民币结算试点企业;⑥ 上海市乙级政府采购代理商资质。

与此同时,兰生大宇还在积极申请进出口商检 A 级诚信企业、海外非工程类总承包、设立境内离岸贸易账户试点等资质。

4. 专业人才逐步增加

用项目培养人才,用人才发育项目。兰生大宇目前具有专科学历的员工占 19%,具有本科及以上学历的占 63%(其中硕士生 2 人,博士生 1 人)。需要继续培养和引进国内贸易的营销和市场人才,引进成套设备和工程承包的专业人才,以逐步增加和提升兰生大宇的经营品种和服务能级。

(三) 市场情况综合

1. 资源类产品供不应求

资源短缺已经成为中国经济持续增长的最主要的瓶颈。1990 年,中国主要矿产品的对外依存度只有 5%左右,但近几年已上升达到 50%以上。兰生大宇是否应当努力开发资源类产品的经营?

2. 品牌化经营大有可为

贸易商作为离岸贸易的主体,对货源和销售渠道要有较强的掌控力。作为纺织、化工等大宗产品的采购和供应商,兰生大宇是否可以通过创立自己的品牌,增加对营销渠道的品牌控制力?

3. 总代理业务势头趋升

毫无疑问,供应链的主要环节结成战略联盟,制造商和经销商追求双赢的经营格局正在逐步形成一种大的趋势。在未来几年内,兰生大宇是否应该通过地区总代理的方式引进一些优秀的消费品和工业品?

(四)兰生大宇未来发展可以拓展的项目

1. 项目定位

与未来五年中国政府重点扶持和发展的新兴产业相吻合。

与股东双方的发展战略相一致,特别是要注重在轮胎领域的拓展。

与兰生大宇现有业务所涉及的行业及客户相关联,并有利于促进和提升兰生大宇现有业务经营水平及经营效益。

与兰生大宇的资金实力、管理水平及控制能力相适应。

2. 项目内容

(1)资源类业务。利用兰生集团在南非的机构和贸易渠道,以及与当地政府的良好关系,开拓棉花、煤矿、铬矿和锰矿等的进口业务。

(2)总代理业务。开拓牛肉、酒类等日用消费品的中国地区进口代理和自营业务,开拓 NOVELIS 车用铝板的中国代理业务;扩大首钢薄板华东地区代理业务。

(3)政府采购和项目承包。争取获得上海市乙级政府采购代理商的资格,整合各方面的资源和力量,积极参与中国政府的有关采购项目,积极争取非洲政府的有关采购项目和中小型工程商务承包项目。

(4)自有品牌建设。创立进口棉纱的品牌和系列标准,建立和完善国内的棉纱销售网络。

附录 贸易方式、离岸贸易与国际贸易中心城市功能

离岸贸易(offshore trade)作为一种新型的贸易方式,属于服务贸易的范畴,是贸易分工进一步细化的必然趋势和结果。离岸贸易实质上是一种中间商贸易方式,中间商主要利用其发达、完善的贸易网络在交易领域内实现全球资源的优化配置。由于决定贸易中间商竞争力的优势要素是贸易网络,因此贸易中间商本身是一种轻资产的服务业,从理论上讲,只要电讯网络等基础设施条件满足,它可以设在全球任何国家、地区和城市。国际贸易中心城市凭借完善的基础设施、极富吸引力的简单税制和高度的贸易便利化等优势,成为全球贸易中间商的集聚之地,而离岸贸易成为国际贸易中心城市贸易方式升级的必然选择。

(一)离岸贸易的界定

目前国际上对于离岸贸易没有统一的定义。鉴于香港特区政府统计处对离岸

贸易进行了公开统计,本文基于《香港服务贸易统计报告》对离岸贸易的界定阐述其定义。

根据《香港服务贸易统计报告》,离岸贸易分为"商贸服务"和"与离岸交易有关的商品服务"两种形式。具体而言,"商贸服务"是指,贸易中间商从国外(或海关特殊监管区外)卖家买入,并直接卖给国外(或海关特殊监管区外)买家的货物买卖服务,有关货物并没有进出贸易中间商所在国(或海关特殊监管区外)。如图1-4所示。

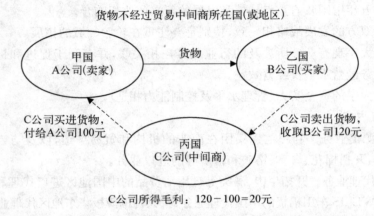

图1-4 离岸贸易方式一:贸易中间商C公司提供的"商贸服务"

"与离岸贸易有关的商品服务"是指,按贸易中间商所在地以外的买家/卖家要求,安排购买/销售货物的服务(如寻找货源、市场推广、商讨合约及价格、收集货物样本及足够的货量、装运、检验及安排订购事宜),所涉及的货物是由国外(或海关特殊监管区外)卖家通过贸易中间商安排售予另一国外(或海关特殊监管区外)买家,有关货物并没有进出贸易中间商所在国(或海关特殊监管区外)。如图1-5所示。

"商贸服务"和"与离岸交易有关的商品服务"二者的根本区别是贸易商对商品的所有权不同。前者的基本特点是贸易商以经销的方式从境外买入,并直接卖给贸易商所在地以外国家和地区的货物买卖服务,从中赚取毛利;后者的基本特点是贸易商以代理的方式,按境外买家/卖家要求,代为寻找货源、推广市场、商讨合约和价格、安排订购、转运、检查等事宜,从中赚取佣金。

因此,离岸贸易是指本国(地区)的贸易商以经销或代理的方式将境外货物销售给贸易商所在地以外的国家(地区)的一种新型贸易方式,其经营的货物可能经过贸易商的经营所在地转运至目的地,也可能由货源地直接发往目的地,但是都不在贸易商经营所在地清关。与传统的贸易方式相比,离岸贸易的显著特点是"两头在外",即交易所涉商品的货源地和销售地都在海外,商品一般不进出贸易商经营

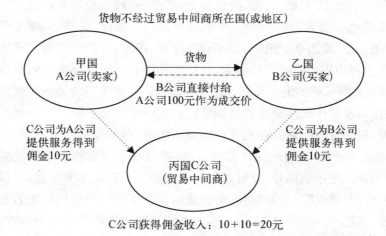

图1-5 离岸贸易方式二：贸易中间商 C 公司提供的"与离岸贸易有关的商品服务"

所在地的关境。

由于贸易商以离岸贸易方式经营的商品不在本地清关，因此离岸贸易所涉货物的有关数字并不记录在当地商品贸易统计资料中，而是通过离岸贸易企业申报的形式收集。香港离岸贸易的有关数据由香港特别行政区政府统计处收集，并作为补充统计数字，连同详细解释附载于《香港服务贸易统计报告》的附录甲内；而自 2012 年起，则在香港特别行政区政府统计处网站内另行发布。

（二）离岸贸易迅速发展的原因

1. 离岸贸易的产生是交易领域内国际分工深化的必然结果

20 世纪 90 年代以来，全球生产分段化、模块化趋势下，跨国公司将产品各生产环节切割并分置在全球范围内最具优势的国家生产，从而实现了生产领域的成本最小化。然而，全球价值链生产环节的高度分散将导致交易成本大幅提升，因此需要有一个核心企业来对整个价值链的生产和交易过程进行协调，从而实现服务环节的规模经济，使交易成本最小化。跨国公司主导的国际贸易格局下，主要由跨国公司贸易型地区总部（内部中间商）或者独立的跨国贸易商（外部中间商）扮演价值链管理者的角色。全球贸易商大量集聚国际知名的贸易中心城市。贸易商通过遍布全球的贸易网络，对原材料、中间品、制成品的交易进行衔接整合，为节约运输成本和减少运输风险，货物由货源地直接销往客户所在地，而无须进出贸易商所在地关境，因此离岸贸易应运而生。

2. 离岸贸易的发展是香港要素禀赋动态变化的结果

经济全球化和产品内国际分工的背景下，要素的内涵已经由传统上狭义的生产要素"资本、劳动力、土地、资源、技术和管理"等,拓展到全球产业链上下游环节所需的广义的经济要素"科技人才、专利技术、品牌、标准、信息、全球生产经营网络、国际市场渠道、跨国企业组织、国家竞争体制、国家基础设施"等。随着全球经济格局的变化和中国大陆经济的崛起,国际贸易中心城市的要素禀赋发生了动态变化:转口贸易所依赖的港口设施、清关便利、地理位置等传统要素禀赋的优势不断弱化,离岸贸易所依托的全球贸易网络优势进一步强化。随着周边地区生产能力不断提升,过去在贸易商所在地进行的最后组装、包装及品质控制等工序,现在都可以在周边地区完成;周边地区的港口、机场以及交通运输等基础设施逐步完善,贸易便利化水平不断提升,与航运有关的辅助服务功能不断增强,可以安排国际认可的文件、货物保险、质量检验、集装箱运输以及安排海外班轮营运和发出提单等。这样,为进一步降低成本,越来越多的贸易商选择将产品在当地直接付运,而无须在贸易商所在地转口。随着全球贸易商在贸易中心城市大量集聚,贸易中心城市在控制全球贸易网络、实施全球价值链管理等方面的要素禀赋优势得到凸显,从而贸易商的核心功能更为强调其全球运营功能,并通过离岸贸易方式对全球原料、中间品、产成品的交易进行整合配对。

（三）离岸贸易对国际贸易中心地位的影响

离岸贸易的迅速发展是全球国际分工深化和贸易中心城市功能转型的一个必然结果。离岸贸易的崛起不仅没有降低反而增强了国际贸易中心的地位,并推动了其从传统国际贸易中心向现代国际贸易中心转型。

1. 离岸贸易增强了国际贸易中心城市对全球贸易的控制力

就贸易方式反映的城市功能而言,转口贸易的规模体现的是贸易中心城市作为中转地对全球贸易的参与程度;而离岸贸易的规模体现的是贸易中心城市作为贸易运营中心对全球贸易的控制力。贸易商通过离岸贸易方式,利用其全球贸易网络通过其在贸易中心城市的贸易机构将所运营的商品由货源地直接销往客户所在地,发挥其全球运营功能、实现其对全球贸易的控制。

2. 离岸贸易强化了国际贸易中心城市总部经济的集聚力

现代国际贸易中心城市通常依托跨国公司的全球生产、营销网络成为全球经济神经中枢。因此,国际贸易中心城市通常是跨国公司集聚的地区。离岸贸易的发展需要大量跨国公司为其提供与贸易相关的配套服务,因此离岸贸易的发展吸引了大量跨国公司在国际贸易中心城市设立地区总部。目前,国际贸易中心城市集聚了大量金融、保险、地产及商用服务行业的跨国公司地区总部。因此,离岸贸易的发展与国际贸易中心城市总部经济的集聚是一个相互促进的过程,离岸贸易的发展吸引了企业总部的聚集,总部聚集进一步推动了离岸贸易的发展。这种相互推动提升了国际贸易中心的地位。

3. 离岸贸易促进了服务贸易结构的升级

离岸贸易本质上属于服务活动的范畴。离岸贸易模式下,贸易商虽然为客户提供诸如产品设计与开发、市场推广、订单处理、原料采购、品质控制等各种综合性、支持性服务,但它自身并不包揽这些业务,而是外包给了专业的服务部门。这些服务环节的外包,促使传统贸易服务产业不断细分,新的贸易服务部门不断涌现,从而极大地推动了香港相关服务贸易的发展,如贸易信息资讯服务、贸易展示服务、与国际贸易有关的研发设计和打样服务、贸易代理服务、贸易融资、结算和保险服务、国际物流服务、国际采购服务、国际批发服务、国际零售服务、数字贸易等。因此,离岸贸易发展推动了服务贸易结构的进一步细分和升级,提升了国际贸易中心的软实力。

(四) 离岸贸易发展的趋势

离岸贸易的发展同跨国公司内部组织资源的调整、中国市场的快速成长存在着相当密切的关系。离岸贸易必将伴随着跨国公司战略调整、贸易方式转变而得到推动发展。

1. 跨国公司战略调整与贸易交易方式转变

跨国公司起源于 20 世纪 30 年代,到 60 年代开始加速发展,90 年代跨国公司在全球的网络结构框架形成。21 世纪以来,随着模块化分段生产的出现,跨国公司内部业务结构从制造转向核心零部件的生产和服务业务。从全球范围看,许多制造业已成为全球供给普遍过剩、边际收益严重递减(制造技术标准化和模块化)的成熟技术行业,国际相对价格的剪刀差已从工农业产品之间转化为知识产品与工业产品之间,发达经济的优势已转型升级到虚拟经济、服务经济和知识经济阶段。

跨国公司倾向于更加集中价值链的知识密集,如产品定义、研究和开发、管理服务,以及营销和品牌管理等,并通过网络扩张和国际化实现跨国公司的核心价值利益。跨国公司的网络扩张体现在网络扩张指数(network-spread Index,NSI)。网络扩张指数又称网络扩展指数,其公式为:跨国公司国外经营活动所在国家数÷该公司 FDI(foreign direct investment,外国直接投资)流入存量的国家数－1(即不包括跨国公司的母国)。NSI 的高低,反映了跨国公司在空间上的扩张情况,即反映了公司的所有权优势和内部化优势的强度。跨国公司的国际化体现在平均跨国指数,这是一个衡量跨国公司跨国经营深度的指标(见表 1-2)。

表 1-2　世界前 100 强非金融跨国公司的平均跨国指数

产　业	1990 年	1995 年	2000 年	2005 年	2007 年
石油和采矿业	47.3%	50.3%	70.8%	55.5%	56.2%
食品和饮料	59.0%	61.0%	70.1%	73.3%	68.1%

8

续　表

产　　业	1990 年	1995 年	2000 年	2005 年	2007 年
化工和制药	63.1%	63.2%	62.6%	60.2%	63.3%
汽车	35.8%	42.3%	59.7%	55.5%	56.0%
电子和电器设备	47.4%	49.3%	50.5%	53.9%	57.7%
电信和公用事业	46.2%	46.3%	46.6%	57.0%	62.9%

跨国指数是三个比例，即国外资产额/总资产额、国外销售额/总销售额、国外雇员人数/总雇员人数的平均值。

　　跨国公司在产品业务中的制造外包和服务外包，在市场服务半径中的全球经营模式使跨国公司内部和跨国公司之间产生了各种交易关系。大量的公司内交易发生在跨国公司内部，即母公司与子公司、附属公司之间的交易，以及跨国公司内部子公司之间的交易（见表1-3）。

表1-3　公司内交易的结构

公司内贸易	货物贸易：制成品，半成品，原料
	服务贸易（公司间服务）
公司间非贸易交易	资本流动：短期公司间贷款，长期公司间贷款，现金池，债券，FDI
	无形资产交易（版税、许可证、特许权、知识、商标、商品名、品牌、商誉）
	公司间研发
	信息、文件交换
	员工流动

　　在公司内部交易结构中，第一位的是货物贸易，约占公司内部交易比重的70%，第二位是服务贸易，约占17%。跨国公司内贸易目前占全球贸易至少35%的份额，跨国公司在国际技术转让中约占80%的份额，其中65%～70%是公司内交易，同时几乎所有的FDI都由跨国公司控制（见表1-4）。

　　公司内贸易和公司间贸易主要取决于产品的资产专用程度以及市场的可购买性。当产品的资产专用性程度很高时，跨国公司倾向于企业内贸易。产生企业内贸易是因为跨国公司将产品分割成产品段，不同产品段根据要素禀赋在全球范围内配置。例如，英特尔公司是企业内贸易的典型企业，产品从芯片制造到封装、测

表 1-4 全球公司内交易结构估计

交 易 类 型	1980 年	1990 年	1995 年	2000 年	2005 年
货物贸易	80.364 6%	75.026 6%	74.568 6%	64.580 7%	72.693 1%
服务贸易	16.258 9%	18.052 0%	17.858 8%	15.089 8%	17.095 8%
FDI	3.024 2%	6.284 7%	6.984 8%	19.679 2%	9.369 6%
特许权和许可证收入	0.352 3%	0.636 7%	0.587 8%	0.650 3%	0.841 5%

试,都在企业内部不同子公司之间进行。当产品的资产专用程度降低时,跨国公司倾向于公司间贸易,电子、电器产品是企业间贸易的主要形式。同时,由于跨国公司将最终产品分割成许多中间产品,这些中间产品的资产专用程度不同,因而也会产生不同的贸易方式,公司内贸易和公司间贸易并存是现实跨国公司交易运作的主要方式(见图 1-6)。

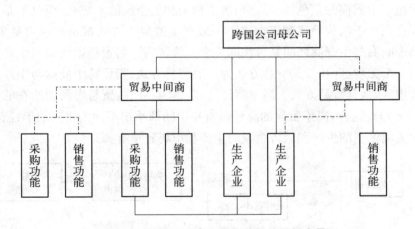

图 1-6 跨国公司内交易和跨国公司间交易

注:实线表示跨国公司与子公司之间具有股权关系,虚线表示跨国公司与其他组织之间的市场交易关系。

跨国公司内贸易和公司间贸易从组织构架看是通过三种贸易组织方式实现的。一是跨国公司直接同制造性子公司形成贸易关系,不需要贸易中间商。二是跨国公司下形成贸易中间商,通过贸易中间商,为子公司提供贸易服务,或者为母公司提供销售服务。三是其他贸易中间商为跨国公司提供采购、销售等服务。跨国公司采取哪种方式主要看产品的复杂程度、子公司的异质程度、资产专用程度、贸易的规模大小和东道国的贸易政策。若产品比较单一、资产专用性程度高,子公司都是同质性企业,同类产品的规模本身就比较大,这样,跨国公司倾向于母公司与制造性子公司形成交易关系,而不需要各种形式的国际贸易中间商。若产品种类繁多,批量比较小,子公司都是异质性类型的企业,就倾向于通过各种形式的贸易中间商。贸易中间商可以是跨国公司下的子公司,也可以是独立的贸易中间商,采用何种形式主要看是否反映产品定义类的核心产品以及保证跨国公司整体高效运作的后勤保障体系。

因此,贸易中间商是跨国公司内部和跨国公司之间高度分工的产物,是跨国公司企业内贸易和企业间贸易的主要承担者。国际贸易中间商采用什么样的组织构架,同跨国公司核心利益的获取有关,因而不是为贸易而贸易,而是体现贸易对生产、销售的协同作用。作为跨国公司的子公司,国际贸易中间商和跨国制造性子公司的生产可能性边界不同,由于投资决策权被母公司控制,因而跨国制造性子公司的最大生产能力被严格限制。但是国际贸易中间商的生产可能性边界取决于人力资本的专用性和各国所采取的贸易政策。

2. 贸易中间商与离岸贸易方式

贸易中间商的功能和性质决定了其交易方式比制造商复杂得多。由于贸易中间商承担了中间商的角色,这样会出现货物流和资金流的不统一,但是不是所有中间商存在条件下的货物流和资金流不一致产生的贸易方式都是离岸贸易方式,要看贸易中间商与生产商之间是否在同一个关境区内。当贸易中间商与生产商之间处在同一个关境区内时,其贸易方式为一般贸易方式;当贸易中间商与生产商处于不同关境区时,其贸易方式为离岸贸易方式,货物不经过贸易中间商所在的关境区(见图1-7)。这样,离岸贸易的总量同贸易中间商承担不同关境区的半径有关,也同不同关境区下的生产和销售企业的生产和市场容量有关。

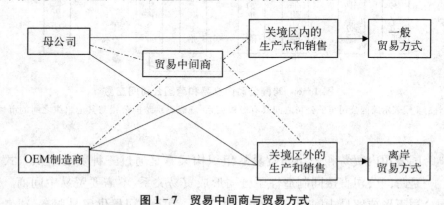

图1-7　贸易中间商与贸易方式

注:直线为货物流,虚线为资金流。

3. 跨国公司的中国战略与贸易中间商的交易方式

2008年以来,跨国公司战略从原来全球性战略逐步向以市场为导向的区域性战略转变,其主要表现:一是收缩战线,从全球布点向战略性区域布点集中。跨国公司内部调整组织机构加快,归并市场比较小的区域的机构,重点发展市场容量大或者市场成长相对较快的地区。二是减少新增生产性投资项目,在世界范围内调整生产布点,强调区域总部的协调功能。由于从全球市场角度看,特别是从发达国家经济体看,市场需求不足至今尚未得到明显改善,因而缺乏跨国公司新增生产性投资项目的市场基础。相反,跨国公司为了消化长期以来通过跨国兼并和新建投资形成的产能,通过设立在世界的各个区域总部,调配生产,提高设备利用率。三是出售非核心资产,将非核心的制造业务和服务业务外包给 OEM 制造商和专业服务提供商,这样非核心业务与跨国公司之间的交易越来越多了,而且交易关系越来越复杂。

跨国公司的战略性调整对中国的影响是:① 中国内需市场成为跨国公司在华争夺的重要市场。在世界主要经济体中,目前只有中国仍然保持着高经济增长的势头,特别是中国的消费结构和消费水平大大提高,汽车等中等技术产品的消费逐步成为中国消费的主流,而这些产品基本是跨国公司垄断世界的产品。② 贸易中间商在协调内外市场中起到服务性支撑功能。20 世纪 90 年代初跨国公司开始在我国大规模布置生产点,少则 2 个生产点,多则 5 至 6 个生产点,并逐步从东南亚为主要区域市场的格局转变为以大陆为主要市场的格局,贸易中间商也成为跨国公司母公司和子公司之间的重要连接点。③ 2004 年 6 月以前,根据商务部的有关规定以及中国加入 WTO 的有关承诺,是不允许外资性质的贸易中间商存在的,因而国际贸易业务都是中资企业代理的,但是《外商投资商业领域管理办法》实施以后,外资商业企业被允许经营国际贸易,因此许多跨国公司开始在保税区、自贸区等特殊税收监管区设立贸易性企业,便于发挥转口分拨功能。

因此,随着跨国公司在国内市场的进一步发展,跨国公司区域性协调功能从中国香港、新加坡转移到中国大陆主要贸易中心城市将会进一步增加。同时,内资企业在新加坡设立贸易公司,说明国有、民营企业贸易交易系统出现复杂化趋势,对保税、外汇自由进出等政策有新的需求。

案例二 国际竞争力构建之路
——巨星科技

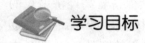 学习目标

1. 理解企业国际竞争力的主要决定因素。
2. 掌握企业进行产业提升的途径。

 课前思考

1. 巨星科技成功完成了从贸易公司向生产和国际销售一体化企业的转变，你认为这种转型的动因是什么？这种组织扩张可能带来的风险和收益是什么？保证这种转型成功的关键因素有哪些？

2. 什么是全球价值链和价值链升级？全球价值链升级有哪些维度？需要有哪些保障条件？巨星科技如何通过从 OEM 向 OBM 转型实现全球价值链升级？

 案例正文

一、引言

杭州巨星科技股份有限公司(以下简称巨星科技)成立于 1993 年,是一家专业从事手动工具、激光产品、智能工具、服务机器人等产品研发、生产和销售的企业,技术水平居行业前列,是国内乃至亚洲五金工具行业规模最大、渠道优势最强的手工具企业。公司已经形成了覆盖全球的销售渠道,产品进入北美、西欧、中欧、大洋洲、拉丁美洲、东南亚、中东地区等全球主要市场,是诸多世界 500 强零售企业在亚洲最大的手工具供应商之一。2018 年公司销售收入为 59.14 亿元,利润 17.4 亿

元。公司隶属于巨星集团,该集团2017年实现总资产146亿元、销售额220亿元。目前巨星集团已经发展成为拥有2家上市公司、市值超过200亿元、员工近万人的大型企业集团,是浙江省百强民营企业,连续十年进入中国民营企业500强榜单。

截至2022年,公司获得了"2021中国制造业民营企业500强""中国工具优秀企业""'十二五'轻工业科技创新先进集体""亚马逊优质制造商奖""首批浙江省'品质浙货'出口领军企业""浙江省成长性最快百强企业""省外贸创新发展示范企业"等殊荣。

本案例在巨星科技所在的金属手工具行业发展情况和国内外竞争企业情况梳理基础上,介绍了公司发展历程、财务情况、公司创始人的理念等内容,重点研究了巨星科技提升国际竞争力的有效途径,具体涉及巨星科技的创新、国际市场销售渠道构建、生产组织结构等问题的讨论。

二、相关背景介绍

(一) 行业背景

在世界范围内,手工具行业主要有三个生产基地:西欧、北美和东亚。欧美发达国家的手工具企业主要生产中高端产品,主要供应欧美市场,对亚洲等地的出口比重较小;东亚的手工具产地主要分布在中国大陆、台湾地区及日本,日本的手工具主要定位于中高端市场,中国大陆和台湾地区的手工具产品主要以中低端为主,比较依赖海外市场特别是欧美市场。随着全球经济一体化进程的加快,世界工具制造业逐步向中国转移,中国已逐步成为世界手工具产业的主力军(见表2-1)。

表2-1　全球手工具行业前四企业经营情况

排　名	公　司	2017年销售额
1	Stanley Black & Decker(史丹利百得)	88.62亿美元
2	Snap-on Tools(实耐宝工具)	16.25亿美元
3	Apex(艾沛克斯动力工具)	14.45亿美元
4	Greatstar(巨星科技)	6.70亿美元

巨星科技是中国乃至亚洲最大、全球排名靠前的手工具龙头企业。上市以来其营业收入不断增长,且其出口额占手工具行业比重不断增加,主要原因是全球最大的两家家居建材连锁超市Home Depot(家得宝)和LOWE'S(劳氏)在2011—2017年收入年均复合增速分别为5.3%、6.2%,核心客户的收入稳步小幅增长,为巨星科技提供了良好的需求环境。目前,公司盈利高于史丹利等品牌,主要是因为

全渠道,在美国,市场渠道的影响比品牌更大。其他原因包括公司货号较多,产品改进升级较快,价格有向上调整的空间,而管理费用也比较低。

如图 2-1 和表 2-2 所示,巨星科技的资产回报率在国内行业中处于领先地位(以两家排名靠前的有代表性的企业为参照),其营收出口占比和毛利率也稳居高位。参照国际巨头创科实业、史丹利百得的发展经验,前期通过并购、在较短时间内积累优质品牌、丰富产品组合,然后进行多品牌销售,并且持续研发创新推动内生增长,是行业国际巨头得以形成领先地位并实现持续增长的路径。巨星科技2015 年以来相继收购华达科捷、欧达、Arrow、Lista,不断丰富其在泛工具领域的产品组合,令其在全球市场中脱颖而出。

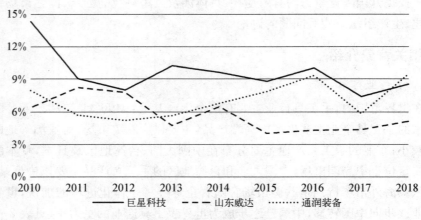

图 2-1　2010—2018 年三家公司 ROA 情况

表 2-2　国内行业内竞争情况

公司	2016 年毛利率	2017 年毛利率	2018 年毛利率	主要产品	营业收入出口占比
巨星科技	32.57%	32.67%	29.44%	手工具、手持式电动工具、智能产品	96%
山东威达	25.69%	25.49%	23.94%	钻夹头、电动工具开关等电动工具配件	34%
通润装备	26.81%	25.68%	24.97%	钣金箱柜、工具箱柜、高低压成套开关设备、电器元器件	70%

(二)公司历史沿革

2001 年 8 月,扳扣快换折叠实用刀问世,该专利产品年出口量上千万把,畅销至今,创汇数亿美元。2001 年底,巨星科技的销售额达到了 1.4 亿美元。2005 年 2

月,巨星科技在杭州江干科技园区建公司总部,3 年后拥有 105 亩下沙生产基地。2007 年,巨星科技的手工具产品已经扩展到手电筒、折叠刀、锯、剥线钳、锯马、刀具、建筑工具、管钳,以及水平尺、直尺、角尺等量具,当年外贸出口额已高居杭州市属企业"榜眼"之位。2008 年 6 月,杭州巨星科技股份有限公司创立,召开了第一次股东大会;10 月,公司进入全国民营企业 500 强,排 377 位(见表 2-3)。

表 2-3　巨星科技发展期创立公司情况

时　间	事　件	备　注
2001 年 8 月	杭州巨星科技有限公司成立	
2003 年 5 月	杭州联和电气制造有限公司成立	主要生产手电筒、折叠刀
2003 年 7 月	杭州格耐克机械制造有限公司成立	主要生产锯、剥线钳、锯马
2005 年 9 月	杭州十倍得刀具有限公司成立	主要生产刀具、建筑工具
2006 年 5 月	奉化巨星工具有限公司成立	主要生产刀具、管钳
2007 年 1 月	杭州联盛量具制造有限公司成立	主要生产水平尺、直尺、角尺等量具
2008 年 6 月	杭州巨星科技股份有限公司成立	前身为"杭州巨星科技有限公司"
2009 年 2 月	浙江巨星工具有限公司成立	主要经营电动工具、金属工具制造、加工

进入发展期的巨星科技一直致力于打造自主品牌,经过多年的努力,公司以一流的品质和优质的服务在国际市场上树立了良好的口碑。此时公司自有品牌"GREATSTAR"和"SHEFFIELD"逐渐成为公司的强势业务,自有品牌的销售金额和比重呈上升趋势,且毛利率也较高。在快速发展期的末几年,公司 ODM(原始设计制造商)模式产生的销售额占据了公司主营业务收入主要部分。不仅如此公司创始人巨星科技的经营模式已经处于从 ODM 逐步向 OBM(原始品牌制造商)过渡的阶段,OBM 的销售收入由 2006 年的 6 966.65 万元增长到 2009 年的 22 923.90 万元,占当年主营业务收入的比例也由 9.26% 上升至 14.66%(见表 2-4)。

表 2-4　巨星科技 2009 年营业收入和毛利率情况

分产品	营业收入/万元	毛利率
手工具	146 098.64	27.39%
手持式电动工具	10 248.04	20.36%

分产品	营业收入/万元	毛利率
全部产品	156 346.68	26.93%
分地区	营业收入/万元	占　比
国外	155 496.54	99.46%
国内	850.14	0.54%

　　2010年7月,杭州巨星科技股份有限公司在深交所上市,成功登陆国内A股市场,市值近70亿元,这标志着巨星科技的发展进入了成熟期。2010年8月,子公司杭州巨星钢盾工具有限公司成立,主要从事五金工具的研发、生产和销售。公司组建了专门的内销团队,大力推广自主品牌"钢盾工具",使其相继进入沈阳地铁、成都地铁、新疆特变电工股份等项目。"钢盾工具"非常注重产品创新和品质,形成了以专利产品为核心、特色产品为支柱、改良产品为主力的发展模式,拥有18大类近3 000种产品。2012年底"钢盾工具"已经建立了遍布全国的销售网络,有一、二级经销商数百家,以专业的品质赢得国内众多用户的好评和信赖,成为沈阳地铁工程、成都地铁工程、成都高铁工程、特变电工项目等国家重要工程的指定供应商。杭州巨星钢盾工具有限公司逐渐成为工业级工具解决方案供应商,占据了巨星科技核心业务五金工具版块的重要位置。

　　巨星科技拥有手动工具、刀具、组合工具、量具、照明工具、手持式电动工具、工具包,共7个系列上万种产品,能为客户提供一站式采购服务;大力投资手工具组装包装扩建项目,解决了公司手工具组装和包装能力不足的问题,显著提升了产能。凭借在技术、品牌、经营模式、产品规格品种等方面的竞争优势,公司赢得了客户的信赖,产品已经成功地进入了北美、西欧、中欧、大洋洲、拉丁美洲、东南亚、中东地区等市场。公司在这些地区已经建立起比较完善的销售网络,与全球大型的五金、建材、百货、汽配行业的连锁超市建立了业务关系。

　　2010年5月起,巨星科技的SHEFFIELD精品店相继在万象城、解百、杭州大厦、西湖银泰等大型商场开业,主要经营高端刀具、美妆、餐厨、户外用品等,着力推出SHEFFIELD、SOG、TRAMONTINA等国际知名品牌,为公司拓展国内市场进行了成功的尝试。从2011年开始就已经打开与沃尔玛的直接合作之门,在人员配备和产品准备方面加大投入力度;2013年,巨星科技与沃尔玛的合作突破1 500万美金;曾获得HOMEDEPOT颁发的"2013年度最佳供应商"称号;2014年5月,"钢盾工具"全面进驻麦德龙全国76家门店,开启了在现代渠道的销售网络布局,对传统渠道形成了有效补充;获 2014 年度沃尔玛全球供应商唯一的"最佳价格奖"等。同时,公司在巩固国际市场的基础上,加强了国内市场的开发工作,以 SHEFFIELD 精品专卖店、巨星五金连锁超市、巨星工具经销商、电子商务 4 种经营模式打造国内中高端工具销售模式,拓展国内业务,逐步形成国外、国内两个市场优势互补的营销网络。

随着智能制造成为未来的主流趋势,巨星科技坚持主业,在手工具领域保持世界领先地位的同时,不断加强智能装备行业特别是智能工具和机器人、激光产品的研发、生产、销售和投入,通过不断投资、兼并等方式,开拓机器人及智能工具市场。从宏观环境来看,随着制造业及服务业人力成本不断攀升,许多恶劣的工作环境都需要智能机器人、智能工具协助完成,因此投资智能装备领域是顺应趋势的选择。2014 年 6 月,巨星科技成为中易和科技有限公司第一大股东,成功进军智能装备领域;同年 10 月,公司看中了国自机器人的智能软件优势,增资成为其第一大股东。投资中易和和国自机器人为公司投身智能装备奠定了基础,也为全资子公司杭州巨星机器人技术有限公司(后改名为"杭州巨星智能科技有限公司")的发展提供了有利条件。巨星机器人公司现已跻身国内 AGV 制造商前列,连续实现翻倍式增长。

2015 年,公司以扩大智能装备产业发展需求为导向,收购了华达科捷 65% 股权,希望与手工具产生协同效应,在其细分领域——机、光、电(机械工具、激光测量、光电仪表)领域进行布局,占领高端市场。华达科捷在业界享有极高的声誉和地位,系莱卡、史丹利、喜力得、天宝以及西德宝等多家全球著名公司在激光测量工具方面的指定战略合作伙伴。此次收购开拓了激光测量新领域,进一步拓宽了公司产品的国际销售渠道,实现了巨星智能装备领域的重大技术突破。

不仅如此,公司创始人仇建平凭借敏锐的市场敏感度,成功进行了技术组合,于 2016 年 3 月组建了欧镭激光。仇建平表示:"收购华达科捷的时候,我们是从工具的角度出发的,收购以后,我发现这个公司除了激光测距,还有很多 GPS 测量技术等,他们都没有好好去发掘。"在仇建平的牵头下,公司融合华达科捷的激光技术、国自机器人的导航定位技术和自身的资本渠道优势,成立欧镭激光,重点研发激光雷达等激光传感器,希望尽快为移动机器人,如巡检机器人、安防机器人、AGV 等装上自动测距的"眼睛"。其中,激光雷达系自动行驶设备的核心零部件,在我国市场仍没有成熟产品,率先布局实现技术积累将为公司赢得巨大先发优势。

2016 年 12 月,公司通过收购 PT 公司、参股微纳科技,加速完善智能工具产业。PT 公司的成功并购,进一步整合了公司激光测量工具的产品链,加强了公司激光测量工具、激光测量控制和激光导航技术的整体研发制造实力和国际竞争力,巨星科技跃居世界智能激光测量工具制造第一。此外,收购 PT 公司还为公司深入推进与国际巨头瑞士徕卡公司在产品、技术、渠道等方面的全方位战略合作奠定了基础。通过参股微纳科技,公司迅速取得了国内先进的智能人机交互和智能无线互联技术,借此进军智能家居领域,进一步加速了公司现有产品的智能化进程,为公司智能装备产业的整体发展提供了核心技术支撑。

2017 年公司专门成立了激光事业部,整合国内外一流的激光技术公司,重点投入技术研发、产品开发、自动化生产等领域,利用公司成熟的销售渠道和国际先进的技术不断扩大市场影响力,奠定了全球领先智能激光测量工具的领导地位。4月,公司成立魅奇科技,完善智能家居产业。7 月,公司携国自机器人公司发布自主研发的仓储物流系统"Star System",该系统拥有 48 项国内外专利,并在美国史泰博仓库成功应用,成为其全球唯一物流机器人提供商。此外,公司利用微纳科技SoC 系列芯片和先进人机交互核心算法,开发了全新的智能家居系列产品,并且凭借这一系列产品获得了国际连锁超市 LOWE'S 的订单和长期合作,开启了智能家居板块发展新征程(见表 2-5)。

表 2-5　产业升级时期巨星科技国内外收购和成立公司情况

时　间	事　件	被收购企业简介
2014 年 6 月	通过增资伟明投资成为中易和科技有限公司第一大股东	高科技企业,致力于国防科技、太阳能热发电、机器人及数据节能的研发、生产、销售,达到国际领先水平
2014 年 10 月	增资国自机器人,成为其第一大股东	专注于移动机器人的开发与推广,业务覆盖与机器人相关的工业、公用事业、教育等领域
2014 年 11 月	成立杭州巨星机器人技术有限公司	经营范围为智能服务机器人、智能工具、智能系统、电气自动化设备、计算机、电子计算机设备、电子设备、应用软件等领域的研发、生产、设计及技术服务。后改名为"杭州巨星智能科技有限公司"
2015 年 7 月	收购常州华达科捷光电仪器有限公司 65%股权	全球领先的激光测量工具和测控系统研发的智能装备企业,拥有精准激光控制技术、激光3D 扫描技术等国内外先进激光技术,在业界享有极高的声誉和地位,基本面向欧美市场销售
2016 年 3 月	成立杭州欧镭激光技术有限公司	基于 mems、激光等智能装备领域的核心技术,有效推动国内包括移动机器人在内的各类智能装备产品的产业化,填补国内空白
2016 年 8 月	并购美国 Pony Jorgensen 品牌	美国知名专业木工工具品牌,主要产品有棒夹、管夹夹具、C 形卡箍、手动和弹簧卡箍、带夹、转角和框架夹具、专用夹具、老虎钳等。收购后其工厂从美国移到杭州下沙生产基地

续　表

时　间	事　件	被收购企业简介
2016 年 12 月	收购 Leica 公司旗下公司 Prim Tools 有限公司	以激光测量仪器及其核心零部件研发制造为基础,为国际测量技术巨头提供激光测量产品的生产制造企业,拥有独立自主的创新与生产制造能力
2016 年 12 月	参股杭州微纳科技股份有限公司	高新技术企业,专注于先进人机交互和无线互联整体解决方案,国内智能遥控器整体解决方案市场占有率第一
2017 年 4 月	成立杭州魅奇科技有限公司	智能家居与 IoT 整体解决方案提供商,拥有先进的无线技术,与阿里云、AWS、Google 等国内外云服务企业长期保持深度合作关系
2017 年 5 月	收购美国 Arrow Fasterner LLC 公司 100％股权	主要产品是手动、气动、电动射钉枪和耗材,其在美国的销售渠道覆盖大型连锁超市近 60％、工业领域近 38％的市场份额,还拥有包括工厂在内完整的美国供销体系
2018 年 6 月	收购 Lista Holding AG 公司及其子公司 100％股权	全球领先的工作存储解决方案提供商和制造商,产品包括零配件柜、工具柜、自动化仓储设备、全系列专业级和工业级储物设备等
2019 年 3 月	收购美国 Prime-Line Products	北美最大的门窗可替换五金件供应商,业务包括家用、商用门窗五金配件的维护、维修和运营更换等,拥有超过 38 000 个核心 SKU、完整的全球供应链,在北美建有完善的仓储系统
2019 年 4 月	收购美国 InterDesign 公司旗下 Swiss＋Tech(瑞士科技)品牌	专注于设计销售微型多功能工具,包括应急系列、驱动系列、车用系列、移动科技、照明系列等
2019 年 5 月	联合收购中策橡胶集团有限公司 46.95％股份	国内轮胎行业龙头企业,在全球 160 多个国家和地区拥有超过 1 200 家经销商,旗下拥有朝阳、威狮、好运、全诺等知名轮胎品牌,产品线涵盖卡客车轮胎、乘用车轮胎、摩托车轮胎、工业工程轮胎、橡胶履带等

2018 年 6 月,公司"和睦港人工智能园项目"开园,项目建成投产后,将形成独立的人工智能机器人研发与生产园区。其他智能产品,如智能家居和激光雷达等产品,也都实现了对大型客户的首次产品交付,取得了由零到一的突破。

(三)财务状况

表 2-6 和图 2-2 分别说明了巨星科技 2018 年度主要产品的营业收入、毛利

率情况以及工具五金业务和智能产品业务的历史表现。

表 2–6　主要产品 2018 年度营业收入和利润

产品名称	营业收入/万元	营业利润/万元	毛利率	营业收入比上年同期增减	营业利润比上年同期增减	毛利率比上年同期增减
手工具及手持式电动工具	527 397.31	153 829.95	29.17%	38.82%	20.90%	−4.32%
智能产品	64 016.59	20 181.87	31.53%	35.15%	63.62%	5.49%
合计	591 413.90	174 011.82	29.42%	38.41%	24.67%	−3.24%

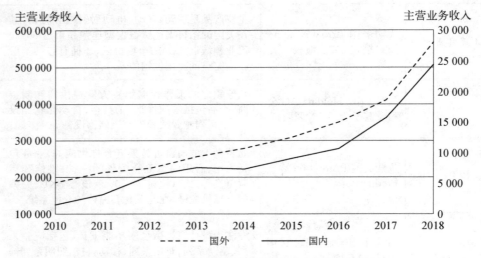

图 2–2　巨星科技主营业务收入分地区情况

　　分地区来看，巨星科技的产品主要销往海外，占比高达 96%。欧美发达国家是中国手工具产品的主要进口国，也是目前世界上最大的手工具消费市场，对手工具需求较大，主要有两方面原因：① 欧美国家的制造加工业、汽车、房地产修理业等行业较为发达，带动了手工具市场的需求；② 由于欧美国家民众非常喜欢自己动手，因此创新能力强的 DIY 手工具产品非常受他们的欢迎。销售环节上，国外的销售主要是直接面向大型的终端商，以及通过各种展会的方式推广；国内部分，由于我国家庭用量远不如发达国家，客户主要定位高端，面向工业级客户和高端消费者，故以经销模式进行。与此同时，公司还通过"第三方平台（天猫、京东、亚马逊、阿里巴巴速卖通、Ebay 等）＋垂直电商（土猫网）＋O2O 实体馆"的方式，不断加大国内电商市场销售力度。图 2–3 说明了巨星科技国内外主营业务收入趋势。

（四）主要人物

1978年改革开放元年，巨星科技创始人仇建平只有16岁，成为恢复高考后的第一批大学生，离开老家奉化溪口到北京求学。随后，他考取了西安交通大学机械铸造专业硕士研究生，毕业后成为杭州市属企业引进的第一位研究生。虽然学的是工科专业，但在企业从事外贸业务时仇建平显示出了销售才能，不久便成为公司的业务骨干。就在工作顺风顺水之时，他却决定辞职自己下海创业。

1992年1月，巨星的创业之路在杭州大厦1004室起航。回忆起创业初期的情景，仇建平感慨万千。"二十平方米，摆了一张桌子，员工就我一个人。"与其他创业者一样，一张桌子、一支笔、一部电话，他常常一个人干个通宵。这一年中，巨星投产了第一款产品——哑铃，发明了两项技术——麻面沾塑技术和双色沾塑技术，至今仍被广泛使用。第一年，仇建平就凭一人之力实现了销售额200万美元。1993年7月，在厂房、资金、技术都紧缺的大环境下，他创办了自己的巨星科技前身杭州巨星工具有限公司，销售额达到1 000万美元。

1994年10月，巨星从台湾购进公司的第一台泡壳机，建立了泡壳车间，实现自主包装生产。1996年，巨星购入第一台注塑机，并用其生产出第一个产品——钟表螺丝批。1997年，巨星将激光刻花技术全球首次应用到锤子木柄上，使光滑的木柄有了防滑的功能，并在美国申请了专利。1998年，"多功能钳"研发成功，迅速占领了国际市场。1999年，巨星科技指导南通海门钢铁厂炼出50、60铬镍钢，并应用到工具上，使工具更经久耐用。正是这种创新能力，成为仇建平创造奇迹的一个法宝。

一家工具企业能够在强手如林的浙江外贸出口企业中位居前列，这在行业中不能不说是一个商业奇迹。而销售正是仇建平搏击市场的一个有力"拳头"。虽为公司董事长，但仇建平依然是公司的首席业务员，因为他亲自负责巨星科技产品的研发和营销，对于大多数产品细节，他比一般的业务员都要熟悉。而他对外贸业务员也极为重视，建立了有效的业绩激励机制，外贸业绩好的员工甚至可以拿到百万元年薪。

"工匠精神"是仇建平常常提起的词儿。巨星科技每隔一两周的新产品会议，仇建平都必定会参加。巨星科技有两万多种产品，仇建平甚至能说出每一种产品的价格，可见他对产品的熟稔程度。"乔布斯的手机就是他自己说了算，产品做好了才有今天的苹果。我们巨星也是一样的，作为学工出身的人，如果我觉得一款新品哪里还差一点，我就要他们一定要做得再好一点。"此外，巨星科技紧紧把握国际形势，以市场为导向，充分发挥创新、渠道等优势，巩固和拓展了以工具五金为核心的主营业务。

走过创业初期的艰苦，秉持"企业从产品质量出发，才能在世界立足"的理念，仇建平严谨务实,依靠先进的管理技术和科技兴企的理念,带领公司从一家名不见经传的小企业发展成中国手工具行业的龙头企业,从单纯的外贸企业发展成集研发、生产、销售于一体的综合性企业,连续进入中国对外贸易民营企业 500 强榜单。仇建平本人也因此获得了"风云浙商""杰出浙商奖""杭州市优秀企业家""浙江省优秀社会主义建设者"等诸多荣誉称号。仇建平担任了杭州市人大代表、第十一届浙江省政协常委、浙江省工商业联合会副主席等职务。

三、国际竞争力构建

(一) 研发创新

对于巨星科技来说,创新一直是其发展的灵魂。手工具制造业一直属于劳动密集型产业,但随着国内外手工具市场的逐渐成熟以及民众对生活品质的追求,越来越多的人要求使用的工具既保持外观优美又性能优越,所以技术创新也逐渐成为手工具业发展的必然趋势,成为手工具产销企业的生存之本。巨星的手工具总是与众不同,其中比较出名的一件产品———一把钳子,就有 10 多个功能,拥有 10 多项专利,甚至在奥斯卡获奖影片《拆弹部队》中都有男主角用它拆卸炸弹的镜头。"没有自主创新,我们永远是别人的加工厂和组装车间。"仇建平如是说。

巨星科技秉承"以人为本、精益求精、创新跨越、智造未来"的理念建立了企业技术中心,拥有多个研发部门,如手工具开发部、电动工具开发部、产品造型部、模具中心、加工中心、产品快速成型中心、检测和实验中心等。其中公司在检测和实验中心进行了大量投入,引进了很多先进的检测和分析设备(实验中心下属有化学实验室、材料实验室、扭力实验室、拉力实验室、硬度实验室、电机实验室、电池实验室、高低温湿热实验室、包装运输实验室等),专门针对国内外工具五金行业发展趋势、消费者偏好、新工艺、新技术和新材料等方面进行研究,不断完善内部的自主创新体系。

在国外,公司通过设立研发分中心、雇佣国际顶尖的手工具工程师实现工具的根本性创新;在国内,公司与产业链周边企业、国内高校、科研院所合作研究,利用各种资源寻求突破,为企业技术创新夯实基础,使企业能及时采用新材料、新技术,在革新中抢占先机。公司也因此先后被评为"中国自主创新 TOP100""国家知识产权示范企业""十二五科技创新先进集体""国家火炬计划参与单位""国家级工业设计中心",中心试验室则是通过中国合格评定国家认可委员会、法国 BV 和英国 ITS 等专业检测机构认可的第三方实验室。

巨星建立了拥有 200 多人的高素质研发团队,创建了多项激励制度,每年自主研发并投产销售的新产品有 400 多种。强大的研发能力,使巨星占据了产业链的最上端,获得丰厚的利润(见表 2-7、表 2-8)。即使在全球经济疲软的背景下,巨星科技的品牌知名度和销售额也持续提升。对此,仇建平称:"我们注重技术创新,因为占据生产链上端,很大程度上赚的是品牌、专利和设计的钱。"做大研发和销售两端后,仇建平把生产环节大多外包给其他企业。在他看来,做工厂成本高,耗费精力多,可以通过外包给国内的生产加工企业来提高效率。因此,扁平化的企业经营模式也是巨星得以快速壮大的一个重要因素。至此,巨星科技形成了下游零售商的销售网络渠道资源、上游代工厂的供应链外包资源、新产品研发设计和一站式服务能力、ODM+OBM 并行的多品牌运营能力。

公司的创新优势为公司持续保持世界手工具行业的领先地位提供了有力支撑,也为其智能产品产业的高速发展提供了关键性动力。公司智能装备市场开拓顺利:分产品看,激光产品逆势增长,智能家居和激光雷达实现大客户首次交付,NSFS 仓储物流系统与史丹博等大客户深度绑定。公司后续也将加大对智能装备市场的投资。根据公司发布的可转债预案,将分别对激光量具和智能家居基地和仓储物流基地投入 2.04 亿元和 2.33 亿元。这确保了公司不断根据市场的需求迅速地推出新产品,不断提高产品附加值,增强公司议价能力;保证了即使在复杂的国内外经济形势下,依然能够持续稳定发展,把握机遇扩大市场份额。

表 2-7　巨星科技 2010—2018 年度研发投入情况

时　间	2010 年	2011 年	2012 年	2013 年	2014 年
研发人员数量	—	259	567	591	514
研发人员数量占比	—	7.65%	14.84%	14.83%	12.93%
研发投入金额/万元	3 071.29	3 683.05	4 180.99	4 896.57	6 305.99
研发投入占营业收入比例	1.63%	1.70%	1.81%	1.85%	2.20%

时　间	2015 年	2016 年	2017 年	2018 年
研发人员数量	648	657	646	687
研发人员数量占比	15.77%	14.29%	13.29%	11.09%
研发投入金额/万元	7 433.54	9 328.46	12 669.27	20 697.5
研发投入占营业收入比例	2.34%	2.59%	2.96%	3.49%

表 2-8　巨星科技 2010—2018 年度创新情况及与同行比较

时　间	2010 年	2011 年	2012 年	2013 年	2014 年	2015 年	2016 年	2017 年	2018 年
设计新产品(项)	659	660	1 092	900	995	1 200	1 301	1 706	1 568
公开专利(项)	71	99	133	150	165	155	163	166	391
累计公开专利(项)	189	288	421	571	736	891	1 054	1 220	1 611
同行业上市公司累计公开专利数量/项									
通润装备	—	2	12	24	29	34	40	44	51
方大集团	537	544	549	551	552	552	552	552	553
山东威达	87	91	96	109	130	142	158	177	193

（二）国内外销售渠道整合升级

巨星科技上市以后,董事长仇建平希望借助资本的力量实现更快的增长,跨国并购整合海外市场销售渠道成为巨星科技的重要发展战略。"现在中国人都想做更大的东西,发展得更快,我也一样。"仇建平心目中的优秀企业必须有全球化的业务、全球化的团队、全球化的品牌以及技术优势和优秀的理念,而并购是巨星成长为优秀公司的必经之路。通过跨行业并购逐渐实现了不同产品渠道间的渗透融合,稳步拓宽和完善了国内外销售渠道。仇建平也坦言国内并购机会并不多,并购目标应该在国外:"一些有名的国际公司也面临着生产成本过高的问题,我们也希望通过重大的并购,让巨星工具业务再大力发展。"

2010 年 9 月,巨星科技成功收购 Goldblatt Tool 等四家手工具相关业务资产,主要包括库存、仓储设备、办公设备、知识产权、软件等。收购资产中包括 11 个专业手工具品牌,其中 Goldblatt 品牌最早可以追溯到 1885 年,是美国抹泥工具领域顶级品牌,2009 年销售额为 914 万美元。此次收购旨在利用 Goldblatt 公司的品牌和渠道资源,减少竞争对手,扩大销售市场领域,提高公司自有品牌的销售份额。2016 年至今,巨星科技先后收购了美国 Pony Jorgensen(知名木工工具品牌)、美国 Arrow Fasterner LLC 公司(知名钉枪及耗材制造商)、欧洲 Lista Holding AG 公司(工作存储解决方案提供商和制造商)及其子公司、美国 Prime-Line Products 公司(北美最大的门窗可替换五金件供应商)、美国 InterDesign 公司旗下 SWISS+TECH 品牌(微型多功能工具专家)、中策橡胶集团有限公司等。频繁的跨国并购,有力地推动了巨星科技的国际化战略。手工具行业有很多细分品类,巨星科技的并购目标都是细分领域第一品牌,且与公司主营业务有很好的协同性,因此加强了品牌建设、增强了产品研发能力。

2018年,公司通过收购美国钉枪巨头 Arrow 和欧洲高端专业工作存储解决方案龙头企业 Lista 公司,加强了北美和欧洲市场的分销体系和服务能力,渠道优势进一步凸显。巨星科技是美国 LOWE'S、美国 Home Depot、美国沃尔玛、英国 Kingfisher、加拿大 CTC 等多家大型连锁超市在亚洲最大的五金工具供应商之一,并且份额占比不断提升。目前在全球范围内,有超过 29 000 家以上的各类连锁超市和小型五金店同时销售巨星的产品,这些渠道有效保证了公司包括智能产品在内的各类创新型产品的销售。公司深度挖掘通过收购获得的新渠道,使之与已有渠道之间相互渗透,从而达到渠道间"1+1>2"的效果。以巨星科技收购华达科捷为例,巨星科技利用自身遍布全球的大型五金、建材和汽配等连锁超市的销售渠道,可以更好地促进华达科捷现有产品的销售;同时华达科捷的仪器仪表类客户也有可能转化为巨星的手工具客户。

此外,在国际销售渠道构建方面,公司不断深化和 LOWE'S、沃尔玛、Home Depot 等世界 500 强优质客户的合作,进一步开拓新兴市场,成功开发 Wilkinson(德国)、Walgreen(美国)、Asda(英国)、Siplec(法国)、OSJ(美国)、Meijer(美国)、Builders(南美)、LEC(美国)、TSC(美国)等全新客户,并加强了自有品牌的建设。

表 2-9　巨星科技海外销售网络

销 售 渠 道	简　介
Home Deport(家得宝)	全球最大的家居建材连锁超市,拥有超过 2 200 家连锁店,全球 500 强企业
LOWE'S(劳氏)	全球第二大家居建材连锁超市,拥有超过 1 700 家连锁店,全球 500 强企业
Kingfisher(翠丰)	全球第三大家居建材连锁超市,拥有超过 830 家连锁店,全球 500 强企业;旗下拥有 B & Q、Castorama、BricoDépôt、Screwfix 等著名零售品牌
WalMart(沃尔玛)	全球最大的零售商,拥有 8 500 多家连锁店,全球 500 强企业
Carrefour(家乐福)	全球第二大零售商,拥有 15 500 多家连锁店,全球 500 强企业
AutoZone(汽车地带)	美国最大的汽车修配连锁,拥有 3 600 多家连锁店,全球 500 强企业
Pep Boys(佩普男孩)	美国最大的汽车配件零售和服务连锁,拥有 560 家连锁店
Grainger(固安捷)	美国最大的工业企业工具供应销商
CTC(加拿大轮胎公司)	加拿大最大的零售商,拥有 1 000 多家零售店、加油站、洗车店

　　国内销售渠道方面,"钢盾工具"继续巩固和强化工具定制方面的核心优势,与三一重工、德力西、麦德龙、比亚迪等行业龙头企业建立了长期稳定合作,实现全国经销网点 700 余家,基本覆盖各地市,进一步拓宽了工业级工具市场;开发了新能源汽车专用工具、VDE 绝缘工具等极具市场发展潜力的工具产品,竞争力不断加强,成为多家机械重工企业、汽车制造企业的指定供应商;由渠道开发开始向项目终端倾斜,通过对国内大中型项目的挖掘和跟踪,推出了行业性的工具配套解决方案,成功应用于高铁通信维保、地铁专用维修、煤炭开采等行业,实现快速扩张,提高了服务壁垒和客户黏性。

　　SHEFFIELD 公司通过商场专柜、户外店、军品店及专业 B2C 平台(天猫、亚马逊、京东等)多渠道的销售模式,进一步服务中高端精品工具市场。2017 年,自有品牌万克宝(WorkPro)品牌工具和 SHEFFIELD 钢盾工业级产品正式进军内销市场,并且两个工具品牌间形成了良好的互补。

　　电子商务销售渠道方面,公司凭借资源整合和集成、优化的供应链优势、产品优势和服务优势,通过垂直电商和第三方平台相结合的方式,进一步拓宽国内外销售渠道,实现销售的超高速发展。垂直电商方面,公司搭建的专业化工具购物平台"土猫网"于 2015 年 9 月上线,其采用 O2O 实体体验馆和线上平台相结合的模式,当年就吸引世达、史丹利、钢盾、博世等 51 个国内外知名工具品牌入驻,上线产品超万件;2016 年底,网站的 SKU 数量超过 2 万件,入驻品牌数 126 个,较 2015 年同期增长 147%,快速成为国内有影响力的手工具电商平台。2019 年第一季度,"土猫网"荣获第十七届中国自动化及智能化年度智能制造企业"发展突破"大奖,并成功中标成为吉利集团五金工具采购服务商。第三方平台方面,巨星科技作为杭州市首批跨境电商试点企业,与天猫、京东、亚马逊、速卖通等进行了广泛合作,加大跨境电商销售模式。2017 年,公司在亚马逊、Ebay、速卖通等平台全面上线全球产品销售,当年就实现了 1 000 万美元的销售收入。

　　公司拥有的销售渠道和客户信赖,是巨星得以不断发展的保证。巨星持续的创新活力和精品完备性策略,较大程度上满足了渠道客户一站式采购的需要,而且不断提高渠道客户的黏性。凭借在技术、品牌、经营模式、产品规格品种等方面的竞争优势,巨星科技受到了客户的信赖,形成了覆盖全球的销售渠道(前文已详述)。由于其绕过了国内外中间商,直接面向欧美大型终端商销售产品,使得公司可以获得第一手的市场信息和较高的毛利润率。

　　巨星科技是中国工具五金行业中手工具产品的龙头企业,出口总额居行业前列,是欧美大型手工具产品销售商在亚洲的最大手工具供应商。在巨星科技 96% 的海外营收占比中,有 65% 的营收来自美国。2018 年 3 月美国宣布对中国价值 500 亿美元商品征收惩罚性关税。中美贸易摩擦加剧对巨星科技产生了一定的负面冲击,但它并不会对巨星科技产生过大的影响。首先,产品具有价格转移的能力。手工具行业的总体产能都在中国,海外公司 SWK 和 APEX 也是在中国生产超过 60% 的产品,主要客户如沃尔玛、THD 等也都在中国直接或间接采购超过 90% 的手工具产品,所以巨星科技并不害怕贸易战。其次,汇率和退税因素。2018 年第三季度以来人民币贬值,这一方面提升了公司人民币结算收入,另一方面形成汇兑收益约 1 亿元(财务费用扣除利息),增厚了财报业绩;公司部分产品的增值税退税比例由 9% 提升至 13%、13% 提升至 16%,对于公司保持出口竞争力有较大帮助。再次,跨国投资推进产品出口地多元化,并保持公司在行业中的竞争优势。公司 2018 年出资 3 000 万美元在越南建立工厂,拟在 2019 年四季度开始对部分核心客户进行价格调整和越南供货,拟于 2019 年 3 月份第一期达产,2020 年年初完成越南基地建设,规划短期承担对美 80%~90% 的产能,长期 50%~60% 的产能。这些应对措施的目的是有序分步调整公司在全球范围的制造分工布局,确保公司业务稳定持续发展。总体上来讲,应对中美贸易战,巨星科技短期策略是调整,中长期看可能是新的产业发展机遇。

四、案例分析

巨星科技发展过程中有两个非常明显的特征:一是巨星科技以外贸出口起家,重视全球价值链的重构和生产组织的重构,通过研发、生产和销售上下游各个环节的整合,强化自己的市场竞争优势;二是巨星科技一直在致力于不断推进和加强公司的国际化发展,通过并购、绿地投资等方法,实现全球生产、销售和品牌的培育和渠道资源的整合,逐步实现全球价值链的升级。这两个方面存在密切的联系,组织机构变迁适应了企业全球化和价值链升级的需要。

巨星科技在其发展过程中完成了从贸易公司向贸易生产一体化转型,进而不断提高自己的研发和品牌开发力度,转化为研发—生产—营销的一体化组织。生产组织方式的转型正是转型的边际成本和收益决定的,转型是否能够成功,除了企业家是否具有很强的组织变革和开拓创新精神和较高市场敏感度外,关键因素是这种组织转型的实际收益是否大于实际成本,以及组织转变所采取的方式。企业理论认为,企业的边界由交易成本确定,企业组织形态可以是单纯的贸易公司,或者"贸易+生产"纵向一体化的组织,以及更为复杂的"贸易+生产+研发"的组织形态。根据科斯的企业理论,当内部交易成本和市场交易成本比更低时,企业边界就会扩张。在产业升级战略实施过程中,企业的边界从贸易中介逐步演变到贸易+生产,相应的组织边界拓展到生产环节;再进一步发展到贸易+生产+研发,相应的组织边界进一步拓展到研发环节,形成自己的新产品开发能力;最后发展到贸易+生产+研发+品牌的生产组织模式,相应的组织边界进一步拓展到国际销售渠道构建。

在组织转型中需要衡量这种变革的成本收益。巨星科技生产过程中通过合约制造模式与供应链优势培育,强化了它的市场竞争优势。巨星科技的产品品种多、规格全、规模大,但公司没有选择全部自行生产,而主要是充当"分包商"的角色,将60%～70%的业务以"外协加工"的方式外包给同行代工,公司只负责产品的深加工、组装、包装等;剩余 30%～40%的核心产品由公司自行研发、设计、生产和包装。业务模式决定了公司具有较大的零部件、半成品和产成品采购规模,稳定及大规模的采购量使公司具备较强的供应链整合和管理能力。从巨星科技的例子中,我们可以看到企业是否采取一体化的生产模式取决于产品特征和企业维持这种一体化的机会成本。

从贸易机构向研发—生产—销售一体化组织转型的收益包括:① 研发投资激增且研发卓有成效,自主生产能提高利润率。② 巩固、扩大和开辟国内外市场,扩大市场份额,扩大经济规模。③ 更接近目标市场,满足消费者需要,获得重要的竞争性定位优势。因为欧美发达国家是中国手工具产品的主要进口国,也是目前世界上最大的手工具消费市场,对手工具需求较大。④ 分散和减少企业所面临的风险如可以降低贸易壁垒等。2017—2018 年,除原有的香港、美国子公司外,巨星科技还新设了日本巨星公司、美国巨星控股公司、欧洲巨星总部和越南巨星制造基地,并完成了对美国 Arrow 公司和欧洲 Lista 公司的收购。巨星科技还在美国建立了完整的生产制造、仓储物流、零售分销体系,实现了部分手工具产品的美国品牌、美国制造、美国销售,全面实现了对北美客户的本土化服务;在欧洲多地设立了办公室,开始对当地主要客户提供本土化服务,并且开始有效辐射当地中小型区域客户。公司践行欧美本土服务加中国服务型制造的模式,有效保证了公司在和其他国际竞争对手的竞争中,既能发挥中国制造业集群的优势,又能利用欧美市场渠道品牌的优势,由此强化其核心竞争力。

当然巨星科技组织扩张也意味成本或风险增加,具体包括:① 面临新的市场风险。东道国的政治环境或东道国与其他国家之间政治关系发生改变会可能给巨星科技的经营带来不确定性。② 法律风险。跨国并购具有很高的法律风险,容易导致企业失去商业机会和商业优势;对企业的影响具有连锁反应,且一旦发生对企业的损害程度是难以估量的。③ 管理体系和人才储备的风险。管理体系若是跟不上扩张速度,会导致企业管理紊乱;人才储备不足,则容易造成企业的竞争力急剧下降。④ 资金链断裂的风险。扩张之前和过程中都要做好资金链的规划和运作,做好相应对策。否则资金链断裂,很有可能把企业推向破产。⑤ 文化差异大,管理协调成本高。进行海外扩张的企业应当深入了解当地文化习俗、礼仪和法律知识,因为消费者的态度和行为受到文化和历史的高度影响。企业若不考虑中外社会的差异,盲目开拓海外业务,最终可能导致市场销售受阻,投资回报率低,项目失败的风险。

巨星科技的国际化发展是其全球价值链地位上升的过程。[①] 在全球价值链整合方面,巨星科技首先是重视产品创新,通过技术积累逐步实现对上下游产业链的整合;其次是通过培育自主品牌来实现企业从价值链低端走向价值链的高端,从营销端整合价值链。由于在产品创新上采用根本性创新模式,公司创新能力一直在行业内遥遥领先,使公司每年能获得大量的国际订单。稳定及大规模的采购量使公司能够根据上游供应商的产品质量、生产效率、协调能力和信用水平等对供应商进行挑选、组织和指导,使公司具备了较强的供应链整合和管理能力。为了控制采购零部件、半成品和产成品的质量,打造高时效、低成本和快速反应的供应链,公司采购部对整个供应链进行实时监督、控制和管理,由技术中心对上游供应商进行技术支持,指导其生产流程;公司建立了严格的采购检测程序,由专业的认证工程师和测试工程师运用世界先进的分析、检测设备,对采购的零部件、半成品和产成品进行全面的质量检测,从供应链入手保证了公司的产品质量;根据市场环境的变化,公司与上游供应商就采购价格、数量等进行灵活的协商调整,以控制采购成本,同时也为供应商提供了优于同行业的信用政策和全面的技术指导,有利于协调各方准确而同步地完成由于市场或供应链某个环节的变化所触发的调整工作。

巨星科技通过从 OEM 到 OBM 的国际化模式升级,通过品牌优势培育,逐步实现全球价值链升级。相较于国内大部分工具五金企业仍采用的 OEM(原始设备制造商,又称代工生产)经营模式,巨星科技的经营模式已经处于从 ODM(原始设计制造商)逐步向 OBM(原始品牌制造商)过渡的阶段。公司现有的经营模式主要是 ODM:公司进行研究开发,为客户提供产品设计;而公司又对产业链上游的供应商的生产技术、工艺流程、产品规格进行严格的监督指导。由于公司提供的产品包含自己的设计和创新元素,因此能够获得比 OEM 模式更高的利润。这也是为什么公司是主营五金手工具的传统行业,却名为巨星科技的原因。近年来,公司ODM 模式产生的销售额均占公司主营业务收入的 70% 以上。

巨星科技长期致力于品牌的打造和发展,不断加大品牌培育力度。一方面,公司通过规范现有品牌的管理、参加全球最有影响力的国际展会等不断加大自主品牌推广力度。公司的多个自有品牌已经成为国际上较为知名的工具五金品牌,包括 GREATSTAR、SHEFFIELD 等,其中 SHEFFIELD 被评为"浙江出口名牌"和

[①]　通常而言全球价值链升级的途径包括:(1) 技术研发能力升级路径。由模仿跟随和进口依赖,转向更多依靠自主创新突破产业发展瓶颈,建立多层次的创新体系,实现产业技术的整体升级。(2) 产品市场战略升级路径。由细分市场单一产品,逐步扩展为多型号系列产品,通过市场策略的灵活调整,实现主流产品市场占有率的明显提升。(3) 组织运营网络升级路径。由全球价值链的中低端供应商向最高层级的主制造商发展,以资源整合为契机,构建全球生产和服务网络。(4) 国际规则参与能力升级路径。要由国际规则的从属者,向主要参与者、核心参与者、主导者升级,通过提高国际合作和协商能力,最终具备国际规则的主导能力。Kaplinsky & Readman(2005)认为升级必须满足两个条件:一是企业能够生产差异化并具有一定垄断作用的较高价格产品;二是保持高价的产品市场份额有不断扩大的趋势。

"浙江省名牌产品""浙江省著名商标"。此外,不少国内企业为公司贴牌生产,公司专业技术人员对其进行现场技术指导,并对相关员工统一培训,保证产品质量和公司品牌的美誉度。随着公司自有品牌不断扩大,其销售额和比重也逐年上升。另一方面,公司通过并购方式,对于产业上下游全球品牌资源进行整合。例如,公司通过收购欧洲高端专业工作存储解决方案品牌欧洲 Lista 公司、国际著名工具品牌 Arrow、国际知名夹具品牌 Pony Jorgensen 等国际知名品牌,并对这些知名品牌的现有销售渠道进行深度挖掘,将公司其他类目的自有品牌渗透到这些渠道中,持续扩大公司自有品牌的销售占比和市场影响力。截至 2018 年,公司先后收购手工具相关品牌 23 个,自有品牌数量不断扩大。2020 年,公司通过并购 Shop-Vac 的相关资产,进入北美吸尘器市场,逐步推进动力工具领域的布局,2021 年公司还完成收购了欧洲著名动力紧固工具制造商 BeA。品牌优势不仅进一步提升了公司产品的国际竞争力,还有效提高了公司的毛利润率和业务稳定性,为公司长期健康发展提供了保证。2022 年上半年,公司自有品牌实现收入 24.70 亿元,同比提升 52.78%,占营收的比重为 39.63%。

案例三 技术创新与国际化——大疆 公司引领全球无人机市场

学习目标

1. 了解深圳市大疆创新科技有限公司在国际化进程中,如何通过技术创新、自主研发核心技术,利用先行者优势一步步引领国际无人机市场。

2. 能够理论联系实际,运用国家竞争优势理论、新贸易理论、技术差距理论等国际贸易理论的知识点,分析大疆科技获取全球行业竞争优势,成功进行国际化战略背后的内在及外在的关键因素。

课前思考

1. 大疆公司在国际无人机市场取得成功的内在核心原因是什么?

2. 基于大疆公司的案例,谈一谈该公司国际化之路的特殊性以及带来的效果。

3. 在国际无人机市场的竞争中,3D Robotics、GoPro 和 Lily Camera 公司最终都失败了,而大疆公司却成功地占领了国际市场。试从新贸易理论中的先行者优势来解释。

4. 除了企业的技术创新、完美的国际化和差异化产品策略和重视用户体验这些内因,还有什么外因促使了大疆公司的成功?

案例正文

一、大疆公司初创

无人驾驶飞机简称"无人机",英文缩写为"UAV",是利用无线电遥控设备和自备的程序控制装置操纵的不载人飞机。近年来,无人机产业发展迅速,在个人消费、农林植保、地理测绘、环境监测、电力巡线、影视航拍等领域应用广泛。

无人机的设计概念最早应用于军工领域,由于军工设备具有较强的技术保密和行业垄断性质,民营企业和资本很难获得准入。随着世界范围内军民融合战略的实施和推进,近几年无人机技术在民用领域获得长足发展。根据无人机应用领域,可分为消费级无人机和工业级无人机。消费级无人机主要应用于个人航拍、跟拍等娱乐场景。工业级无人机则广泛应用于农业植保、国土勘测、安防和电力巡检等领域。2016 年,在全球无人机应用中,民用占比约为 11%,军用占比为 89%;随着民用市场的扩张,预计到 2024 年,民用占比将提升至 14%左右。

2006 年中国国内民用无人机行业出现转折,汪滔在深圳创立了大疆创新有限责任公司,后推出了小型摄影用的无人机,一举打开了民用消费级的市场。此后,零度智控、亿航科技等数百家无人机企业如雨后春笋般创立,得益于中国完善的制造体系和较低的制造成本,中国无人机企业迅速在全球民用无人机市场站稳脚跟。20 世纪末通信技术的飞速提升,加上电子元件的开发越发微型化和智能化,促成了 2010 年后全球的"无人机技术黄金时代"。当前的无人机在实现量产的同时,外形更加轻巧,飞行距离与续航时间更长,操作应用更简易化。2013 年以后,全球无人机市场日渐火爆,谷歌、GoPro、宗申动力、华为、小米等外围企业也纷纷涉足无人机领域,使得无人机应用愈发成熟和多样化,行业竞争也随之加剧。

二、国际化之路上所遭遇的激烈竞争

(一) 大疆公司与 3D Robotics

3D Robotics 由《连线》杂志前主编克里斯·安德森(Chris Anderson)与佐迪·穆诺茨(Jordi Munoz)于 2009 年创办。佐迪·穆诺茨负责经营公司的业务,出售无人机套件和自动驾驶仪的电路板,安德森负责 3D Robotics 的公司事务。2014 年,大疆北美分公司总经理科林在与大疆公司创始人汪滔决裂后,也加入了这家公司,成为 3D Robotics 公司的首席营收官。2015 年初,3D Robotics 是北美最大的消费级无人机制造商,在鼎盛时期,3D Robotics 曾在旧金山湾区、加利福尼亚州圣地亚哥、得克萨斯州奥斯汀和墨西哥蒂华纳设有办事处,共有员工 350 多人;高通风投理查·布兰森(英国富豪,Virgin 集团执行长)和 True Ventures 等投资者给该公司的估值是 3.6 亿美元。

2015 年 4 月,3D Robotics 在拉斯维加斯的 National Association of Broadcasters 大会上推出 Solo。Solo 在配色上,弃白色而用黑色。它还具备一些大疆无人机当时没有的"高大上"功能,比如可以编写飞行路线、为开发人员提供开放代码、提供响应式客户服务。但是 Solo 无人机一推出市场,就暴露出了致命问题。Solo 无人机的 GPS 系统有时会出现连接问题,影响到飞行的稳定性,所以无人机有时会飞走或坠毁。摄像头稳定装置万向节也面临生产延误,所以第一批上架的 Solo 没有安装万向节,不适合拍摄照片和视频,而拍摄恰恰是大多数消费级无人机的主要用途。

到 2015 年底,3D Robotics 总共只卖出了约 2.2 万架 Solo,是最初预测数字的一半。剩下的库存积压在工厂和港口。大疆迅速反击。从技术上来说,精灵 3 在当时有数字图传＋一体云台摄像＋视觉定位技术,而当时的 Solo 还在用外挂 GoPro,图传功能差,而且没有视觉定位,基本也就是玩具级别的应用;从价格来说,大疆精灵 3 专业版套装可以和 Solo 媲美,价格仅为 1 300 美元,到 2016 年更降到了 1 000 美元,而 Solo 的价格超过 1 700 美元。这说明大疆公司技术先进,拥有产品价格优势,而且开发新产品的速度也更快。

由于资源过度集中在 Solo 上,在不到一年的时间里,3D Robotics 已经元气大伤。2016 年 2 月,3D Robotics 公司有 6 万多架无人机尚未售出,资金却已经枯竭。他们不得不关闭了圣地亚哥的办公室和蒂华纳的工厂,默默地把联合创始人穆诺茨送出了门。2016 年 3 月,3DRobotics 裁员大约 30 人,其中包括 CFO 雷克斯。不久后科林也被裁掉。2016 年年底,3D Robotics 完全退出了无人机硬件市场,在与大疆公司的竞争中败下阵来,退身成为一家软件公司。

(二) 大疆公司与 GoPro 公司

GoPro 于 2004 年在美国诞生,其主营业务是出售运动相机,而非无人机。所谓运动相机,就是人们在冲浪、滑雪、滑板、玩滑翔伞等运动的时候使用的相机。因为这个时候用手机很难拍照,需要专门的设备来拍摄,尤其是拍摄视频,GoPro 是这个领域里最大也是最领先的玩家。GoPro 在 2014 年上市,上市第一天收盘的市值是 30 亿美元,最高的时候曾经涨到过百亿美元市值的规模。

GoPro 曾与 3D Robotic 一起生产 Solo 无人机。Go Pro 企业发展过程中,由于产品定位失误,销量一直下滑,为了挽救颓势,他们做了自己的无人机产品。2016 年年底,GoPro 推出的无人机 Karma 上市。不同于其他无人机的是,Karma 的机身上并没有摄像头,而是通过机头的三轴稳定器连接 GoPro 的运动相机。GoPro 的策略是希望借 Karma 来提升自家运动相机的销量。

但很快,用户就发现,很多 GoPro Karma 无人机在飞行途中会突然断电坠机。GoPro 只好宣布召回所有卖出的 Karma 无人机。后来经过检查发现,其实只是飞机上一个小小的固定电池的闩锁结构出了问题,修复起来非常容易。但之后再上市的 Karma 无人机,已经无法和大疆公司的产品系列相抗衡。此时的大疆公司,不仅已经做出精灵 4,而且即将发布行业标杆的 Mavic 折叠无人机。毕竟 GoPro 进军的是一个自己几乎完全陌生的新领域,而大疆公司那时已经是这个行业里毫无疑问的王牌了。

（三）无人机公司 Lily Camera 公司的破产

2013 年 9 月，加州大学伯克利分校毕业的两个学生 Antoine Balaresque 和 Henry Bradlow 成立了 Lily；2014 年春天，Lily 拿到种子轮融资；2015 年 12 月，Lily 顺利拿到 1 400 万美元的 A 轮融资。

2015 年 5 月，在一段原型机演示视频中，一架轻盈的无人机掌上起飞降落、抛向远处起飞、挥手就能拍照、跟随拍摄视频、轻巧防水设计。毫无疑问，Lily Camera 成为第一个宣布 AI 辅助拍摄无人机硬件产品的公司，发布了第一款超越想象功能的跟拍无人机产品理念，用户不需要操控，用手一抛，即可以在空中自动跟随用户拍摄，还具有防水功能。当时在 Kickstarter 上众筹预售达到了 3 400 万美元。

但遗憾的是，Lily Camera 原定的发货日期在 2016 年 2 月，可是后来却一而再再而三地跳票。2016 年 8 月，Lily 表示将会在 2016 年 12 月到 2017 年 1 月之间发货。但这次用户等到的不再是跳票，而是再也无法供货了。

2016 年是消费级无人机爆发的一年，各种紧凑型无人机层出不穷。但除了大疆之外，大多数无人机公司并不好过。3D Robotics 陷入困境，转型软件市场；Go Pro 被迫召回，发布的 Karma 卖不出去；Parrot、亿航、零度智控裁员；Zano 宣布清算……

而在此期间，2016 年 9 月底，大疆发布了消费性小型折叠无机御 Mavic Pro，用户形容"打开盒子的一瞬间，我就知道包括 Lily 在内的所有便携小飞级无人机都完了，大疆做得太精致了，细节都非常棒。"此外，大疆公司的便携式无人机 Mavic Pro 售价为 6 499 元，而 Lily 无人机众筹价格为 800 美元，上市后正式售价为 1 000 美元，与竞争对手相比并没有明显优势。

2017 年 1 月，Lily 团队以一封《旅途的结束》为邮件宣告公司破产，导致公司破产的直接原因在于：错过最有利的融资时间；产品定义拔得太高，实现难度太大，对量产难度预估不足。无人机不是一个创意产业，要在缺乏供应链基础的情况下进行量产，困难比想象中要大，并且，Lily 公司对市场反应速度也不够快。

2020 年，大疆在全球无人机市场上就已经占据了超 80% 的市场份额，在国内的市场份额也达到了 70% 以上，在全球的民用无人机企业中，稳居第一位。凭借着超高的市场占比，大疆的收入也是节节攀升，2020 年销售额达到了 260 亿元。

三、案例分析

（一）大疆科技一步步成功引领国际市场

深圳市大疆创新科技有限公司的创始人汪滔，从小学就痴迷于飞行器。大学本科就读香港科技大学的电子工程专业，毕业设计选择了无人直升机的控制系统作为论文选题，并取得了一定的科研成果。接着凭着对直升机的挚爱和执着，2006 年，汪滔带领其团队在深圳创立了大疆创新科技有限公司（DJI）。从成立至今，大疆专注于飞行器控制系统,立足于无人机控制系统和无人机解决方案的研发和生产。

2008 年,大疆科技的飞控技术发展飞快,仅仅用了一年的时间,汪滔团队就开发出了第一架自动化电动无人直升机 EH‐1;同年 11 月,大疆又推出了第三代飞行控制器——XP3.1。伴随着技术的进步与经验的积累,2012 年底,大疆推出第一款畅销产品"幻影"(Phantom)。该飞行器预装四旋翼,简洁易用,坠落不易解体。作为一款入门级产品,"幻影"无人机的零售价只有 679 美元,在几乎没有任何市场投入的情况下,这款随时可以起飞的预装四旋翼飞行器"大疆精灵",开启了消费级一体化航拍器的先河,撬动了非专业无人机市场,成为一款全世界畅销的产品,也使公司的收入迅速增加。尽管取得了很大的成功,大疆的创新步伐未曾停歇。大疆成长历程如表 3‐1 所示。

表 3‐1　大疆成长历程

时　间	事　件
2006	深圳市大疆创新科技有限公司成立
2007	推出直升飞控系统 XP2.0
2008	开发出第一架电动无人直升机 EH‐1 以及直升机飞控第三代产品 XP3.1
2010	XP3.1 地面站诞生,重磅产品 AceOne 诞生,销售额猛增
2011	Ace Waypoint 新一代地面站、Wookong-H 直升机、Wookong-M 多旋翼飞控、风火轮诞生;大疆迈入消费级模型市场,多旋翼王子 Naza-M 诞生
2012	世界首款航拍一体机——飞翔精灵 Phantom、世界首款专业一体化多旋翼飞行器筋斗云 S300 诞生;风火轮系列 F330、F550 发布;专业三轴云台禅思 Zenmuse 发布;飞控产品 ZA-H 诞生;IOSD & 5.8G 图传上市;美国及德国分公司成立
2013	推出全球首款会飞的照相机 DJI 明星产品精灵 Phantom 2 Vision,引领全球航拍精灵 Phantom 2 Vision+诞生;推出世界首款自带 4k 相机的可变形航拍器
2014	悟 Inspire 1 以及全高清数字图像系统 Lightbridge 筋斗云 S1000;为专业摄影师定制开发三轴手持云台系统"如影"Ronin SDK 软件开发套件
2015	精灵 Phantom 3 问世;一体化手持云台相机灵眸 OSMO 面世;发布 MG‐1 农业植保机,正式步入农业无人机领域;推出全球首款 M4/3 航拍相机禅思 X5 系列
2016	推出 Phantom 4、A3 飞控、顶级飞行平台经纬 M600、"如影"Ronin-MX、灵眸 Osmo 等产品;重磅推出随身无人机"御"Mavic Pro、精灵 Phantom4 Pro
2017	发布第一款掌上无人机"晓"Spark、Phantom 4 Advanced、DJI GS Pro、经纬 Matrice M200 系列、MG‐1P 系列农业植保机

时　间	事　件
2018	推出智能迷你无人机 Tello、Mavic Air、Zenmuse XT2、Matrice 200 系列、精灵 Phantom 4 Pro V2. O、Mavic 2 Pro、Mavic 2 Zoom、Mavic 2 Enterprise、Phantom 4 RTK、Mavic 2 Enterprise Dual
2019	推出 Osmo Action 灵眸运动相机、带屏遥控器、植保无人飞机 T20、大疆经纬 M200（210）V2 等新产品
2021	发布了两款农业无人飞机——T40 和 T20P，采用了全新的机身平台，并针对肥料播撒、果树喷洒等应用场景进行了多项优化，再次提高了农业无人机的效率、效果、智能、安全性能。
2022	出新一代 DJI Mini3 Pro。续航时间达到 47 分钟 4 800 万像素和竖拍功能

Phantom 的崛起，受到了西方的推崇，汪滔获得福布斯年度创新人物称号。获奖的内容被全世界各种主流媒体的转载与关注。《经济学人》专刊评选出的全世界最著名的机器人产品，绝大部分来自美国、日本、德国等发达国家，唯一代表中国上榜的就是大疆公司生产的"Phantom"。在硅谷，很多 IT 高手也都成了大疆无人机的资深玩家，一些人甚至玩了十几架这样的飞机。科技界大佬比尔·盖茨也被大疆无人机打动，连声称赞——为了使用大疆产品而购买生平第一台 iPhone 手机的趣闻至今还被很多科技界人士津津乐道。

大疆公司从消费级无人机市场起家，之后逐渐扩展应用领域。到目前，在全球无人机市场上占据 80％以上的份额，在中国市场上占据的份额超过 70％。而在大疆的收入构成中，消费级无人机仍是绝对的大头，在收入中的占比达 85％左右。工业级无人机在收入中的占比约 15％；从 2013 年到 2017 年的五年里，大疆的收入总额依次为人民币 8. 2 亿元、30. 7 亿元、59. 8 亿元、97. 8 亿元、175. 7 亿元，收入可谓年年创新高，而且增长十分迅猛。而大疆预计，到 2022 年，大疆的营收可望达 1 700 亿元。大疆公司已在全球 100 余个国家地区打开市场，在"大众创业，万众创新"的新时代，大疆公司不仅是我国企业创新的亮眼的名片，还是全球科技创新的引领者。

（二）以技术创新和自主研发为核心竞争力

如今的大疆，已经是全球最大的民用无人机制造商，估值超过了 1 600 亿元。大疆不仅是全球民用无人机市场的领头羊，更是技术创新的引领者。大疆视技术创新为企业生命，并把它作为重新定义"中国制造"的核心。在其创新研发设计以及高标准生产和测试产品过程中，大疆公司始终坚持自主创新的理念和方向，包括研发设计无人机的关键零部件，如飞控系统、机架、摄像头和云台等。

大疆公司自主创新研发了一系列产品，不断推进技术跨越，每年都有新产品问世,每一代产品都实现了技术大跨越。例如,2012 年问世的精灵 Phantom 1 将无人机从航模爱好者拓展至大众消费市场;2013 年推出的精灵 Phantom 2 可以让使用者通过终端来控制飞行与拍摄;2014 年推出的"小悟(Inspire)"能够自动收放起落架;2015 年问世的精灵 Phantom 3 可实现 2 千米内高清数字图像传输,以及室内自主悬停。

大疆公司的目标是做一个让大多数人使用的消费级无人机。大疆公司能做到降低价格的同时保证品质,其中蕴含着许多突破性技术创新。比如,大疆自主研发的无人机自主悬停技术、无人机配备的卫星定位模块等。不仅如此,大疆还投入了大量成本自主研发飞控系统。飞控稳定了,为了保证图像的稳定,研发了相机增稳系统。为了节省消费者在购买不同设备所投入的精力和时间,大疆创新自主研发了相机。于是,电池、飞控、GPS、自带三轴云台、自带高清摄像机,一步一步解决了用户的所有需求。

就这样一步步发展,大疆从最开始设计直升机控制器到后来设计出多轴控制器。原先的无人机客户不仅需要购买控制器本体,还需要购买云台、摄像机、遥控器等其他配套产品。但大疆公司将这些良好的技术整合到了一起,使产品的应用更加方便。比如,大疆将机器人的直驱技术整合到了云台技术中,所以当我们看到大疆无人机在拍摄电影的时候,根本不需要轨道,这也是为何诸多好莱坞大片在摄制时选择大疆无人机作为其拍摄工具的原因。

大疆一直强调核心技术,利用足够的技术创新建立高技术壁垒。目前,大疆已经构建了一个完整的技术链条,包括飞控模块、飞机整体、高清无线图像传输、专业级摄像机电子稳定器 Ronin 等。据悉,大疆科技拥有全球最大的无人机研发团队,核心研发人员约 800 人,研发资金占销售额 10% 以上,而且不设上限。作为技术驱动的科技公司,大疆快速研发和综合的技术优势让追赶者短期内无法超越。

近年来,以美国为首的西方国家在封杀华为的产品,大疆负责人表示,大疆无人机的核心技术都是自主研发的,生产的每一个零部件都是在中国生产的,大疆根本不怕任何人的封锁,也不需要担心会遭遇断供的问题。拆开任何一台大疆无人机,所有的零件都是大疆自己的,操控系统的底层代码也是大疆自己的,产品用到的专利、外观设计也都是大疆自己的,甚至无人机市场的规则就是大疆制定的。

（三）成功的国际化战略及先行者优势

大疆公司的企业发展模式是天生国际化。现在学者普遍认同 Knight G 对于天生国际化企业的定义:在企业创立之初就经营国际市场的技术导向型企业。大疆公司是最早进入无人机行业的企业之一,作为一家中国企业,其创始之初却是先面向海外市场,选择从欧美等高端市场"杀入"国际市场,在国际市场中收获声望后再拓展国内市场,目前大疆公司的海外销售额已超过其总收入的 80%。特殊的天生国际化成长模式是其成为目前行业第一的重要原因。

除此之外,大疆公司还拥有先入者优势。在很多企业对无人机还懵懂的时候,大疆已经开始踏实地做产品;国内对无人机还没有概念的时候,大疆已经占据了国际七成的市场。当时,国内也有一些企业想参与无人机制造,其大部分都是之前从事其他领域的一些大型内陆企业(山东矿机、宗申动力等),发现了该行业的增长潜力从而想参与进来。然而对于初始规模比较小的内陆企业,要想参与难度非常大,成本很高。这种先行者优势,保证了大疆能够在企业发展过程中获得资本的青睐,同时保证产品永远领先于市场,其他对手被迫成为追随者。

(四)积极的国际营销及网络销售策略

在国际营销策略上,大疆公司通过国际社交平台和各类赛事提升其国际品牌影响力。大疆公司所运营的国际社交平台要比一般国内品牌多得多,包括Facebook、Twitter、You Tube、Vimeo、In-stagram 等。不仅如此,大疆还借助于各类赛事引起社会关注。大疆公司在全球主办了多场照片和视频比赛,鼓励用户将作品上传到社交及视频网站上参与分享,以此吸引无经验的大众消费者试用大疆产品用于航拍。2015 年大疆"悟"(Inspire 1)直播了在洛杉矶举办的 Air＋Style 单板滑雪比赛,开创了无人机被用于大型现场直播的先河,同年大疆公司还以航拍赞助商的身份参加 2015 年亚特兰大斯巴达障碍赛。

美剧在拍摄过程中除了在摄像棚里的布景,也有很多航拍需要,但由于直接人工航拍所需要的直升机一天的租金就高达 6 万元人民币,如果再算上飞机师和摄影师的薪水,成本非常高,而只需人工操作的航拍飞行器,效果差不多,却能大大节约成本,像在美剧中频频露脸的 F450 和 Phantom,售价都少于 3 000 元人民币。因此,我们在许多美剧和热门电视节目中都可以发现大疆无人机的身影——《摩登家庭》《生活大爆炸》《神盾局特工》《苍穹之下》《全美超模大赛》……仔细观察,大疆无人机都"默默地"在其中扮演着重要角色。

大疆在国内也走了同样的路径,国内消费者对大疆无人机产品的认知大多是从热播综艺娱乐剧《爸爸我们去哪儿》开始的。在章子怡 36 岁生日派对上,汪峰通过大疆无人机向章子怡献上了一颗 9.15 克拉的求婚钻戒,这些虽不是大疆的刻意安排,但是确达到非常好的宣传效果,很多人观看汪峰向章子怡的求婚仪式的同时,也关注了汪峰用的是什么产品。

不仅如此,大疆公司还打通了以官网为基础,海内、海外主要电商平台并重的三维网络通路。大疆公司的官网不仅为国内客户提供了购买渠道,还用多种语言为国外的客户提供了产品价格、库存和运费等信息,这些国外的客户主要集中在亚太、欧洲和北美洲等地。2014 年大疆公司还新增了包括亚马逊、易趣网在内的 12 个北美地区航空摄影供应商和国际电商渠道。

(五)差异化产品策略,专注细分市场,重视用户体验

大疆公司的目标消费人群主要是一些专业化、个性化需求人群,如航模爱好

者、摄影爱好者、广告从业者、电影工作者和其他专业性航拍公司等。

2006 年汪滔就开始将产品向国外无人机业余爱好者销售，并通过留言板 DIY Drones(DIY 无人机)与无人机爱好者互动。另外，汪滔在创业早期还带着产品到一些小型贸易展及数码影像器材展上推销，比如参展 2011 年在曼西市举办的无线电遥控直升机大会。通过这些方式，增加了创业早期大疆品牌在业余爱好者和专业航拍领域的知名度，拓宽了销售渠道。

冯·希伯尔强调领先用户在创新中的作用，领先用户经常提前参与开发新产品或服务，他们不愿等到新产品或服务大量上市后才开始使用。无人机爱好者或发烧友就是这类领先用户。大疆首先设计出无人机的产品原型，通过全球航模论坛投送试用品给著名发烧友，而此时其他竞争产品或是过于专业、昂贵或是不能稳定供货，使得大疆在个人用户体验方面遥遥领先。大疆通过这样让无人机爱好者或发烧友参与互动体验，找到不足之处，再进行优化改进，然后再体验再改进，如此反复，不断迭代创新，最终满足个性化需求。无人机发烧友是个性化人群的代表，大多数也是第一批购买产品的目标消费者，更是懂得使用产品的"专家"，在互动体验过程中反馈的意见是个性化需求的表现，是产品是否成功的宝贵财富。

大疆在海外的目标人群主要为科技粉、摄影迷、专业机构等有效用户。针对这些不同兴趣爱好的群体，大疆选择了一系列不同领域的 KOL 进行合作。这些 KOL 的内容输出形式多元而丰富，从不同角度和维度相互印证又相互补充，共同助力了大疆产品的精准曝光。

Google 的数据显示，三分之二的千禧一代用户喜欢观看开箱视频。55％的用户表示，YouTube 的相关视频是他们做购买决策时的必要参考。用户对做开箱视频的 KOL 们非常信任，当用户看到他们追随的 KOL 推荐某个品牌时，他们的购买欲望往往能够被调动更高。大疆深谙此道，积极地与海外头部 YouTube KOL 展开合作。在视频中，这些 KOL 不仅会展示大疆最新款的产品，还会从第一视角给出中肯客观的评价，其中甚至包括一些对无人机产品的吐槽，当然是在可控范围内。一般在视频的最后，KOL 们会挂上产品详细参数及购买链接。这种"观感真实"的视频宣传更具说服力，大大地提高了用户对产品的初印象，让最终的购买转化成为可能。除此之外，通过这种方式，KOL 将粉丝与品牌无形中连接在一起，不仅帮助品牌提高了知名度，还在其粉丝群体中为品牌建立了信任感。

（六）得天独厚的环境因素

大疆主要运营地虽然在深圳，但是最初注册地却是在香港。其主要的原因是想利用香港的相关优惠政策，而在香港注册公司最大的成本优势就是税收优惠：较低的税率、简单的税收制度、高免税额度、没有资本增值税。而这些税收优惠中最突出的就是关税优惠，因为大疆最关注的还是在国际市场上扩张范围的便利性。

这种大量的税收优惠也使得国际化进程变得更加简单。

在产业环境方面,从 20 世纪 90 年代开始,珠江三角洲的消费类电子产业一直非常发达,并且珠三角地区各个市都有各自的优势产业,不同产业在某一资源上可以互补、交货期高度配合。这使其所制造的消费类电子产品不仅种类繁多、品质优良,而且成本低廉。因此,近年来随着元器件的技术发展,加上深圳的一般消费类电子产业的优良环境,使一个产业的成熟期过后随即孵化出新的产业。而在智能手机产业成熟期后,大疆公司发现了小型无人机产业机遇,使一般人根本无法想象的一架无人机,其体积和价格最终达到了消费类水平。

3D Robotics 在推出 Solo 时定价超过 1 700 美元,而与此同时,大疆推出的与其功能相似的精灵 3 专业版套装价格仅为 1 300 美元。到 2016 年,精灵无人机价格降到了 1 000 美元,以至于安德森说:"我从来没有见过有哪个市场出现过这样的降价,除了大疆,大家都是输家。"大疆这样碾压式的价格优势,得益于深圳得天独厚的一般消费类电子产业环境以及优质的硬件供应链。

(七)高度重视专利技术创新和知识产权保护

从 2008 年开始,大疆就申请与无人机技术相关的专利,截至 2017 年大疆公司的专利公开数达到 916 项,拥有国家专利 3 206 项,软件著作权 49 项,作品著作权 46 项,此外大疆科技还在美国申请了 70 多组专利,其中 17 组已经获得授权。另外,根据世界知识产权公布的 2018 年全球国际专利申请(PTC)排名情况,大疆公司以 656 项申请专利排名全球第 29 位,这些 PTC 主要集中在 B64 类飞行器、航空、宇宙飞行领域等。可见,从硬件设备到软件创新及数据处理方法,从零部件到外观设计,大疆公司都申请了专利,构建了全方位的专利保护系统。

大疆知识产权管理团队聚集了众多精英的"多国部队",既有毕业于美国常青藤名校的高材生和来自美国知名律所的律师,也有熟悉日本知识产权制度、具有丰富专利代理经验的专利代理人。在这样一个团队里,国际化、全球化是最鲜明的标签。在大疆,专利的申请要经过认真的分析与布局,并依据相关技术的重要性及未来产品化的方向对它们进行分类分级,合理分配人力和财力,并实时监控潜在竞争对手的专利布局情况。不仅如此,大疆的知识产权管理与整体运营紧密相连,贯穿于始终。知识产权部门负责人直接参与公司整体运营,为大疆公司未来发展形成有力的支撑。

总之,大疆公司目前在民用无人机领域既是先行者又是领导者。其成功的原因不仅在于起步早,充分利用技术研究优势实现产品的差别化,还在于其具备天生的国际化优势,活用网络社交媒体营销,开展以重视与客户沟通多样化为中心的市场营销活动。最后,借助深圳电子产业所环境具备的成本优势,形成了全体系完整知识产权的产品技术,实现了完整的供应链和成功的成本控制也是大疆在全球竞争激烈的无人机市场上脱颖而出的重要原因。

PART —————— 02

第二篇　国际投资

案例四　国际化路径选择
——万达集团

学习目标

1. 了解万达集团的内向国际化和外向国际化历程。
2. 总结万达集团的国际化经验。
3. 能够理论联系实际,分析乌普萨拉模型解释万达集团国际化之路的适用性。
4. 进一步拓展乌普萨拉模型的适用情境。

课前思考

1. 企业在开展国际化的过程中会受到哪些因素的影响?
2. 企业在计划海外扩张时必须做出哪些决策?
3. 万达集团的国际化之路有哪些经验可供其他企业借鉴?
4. 什么是乌普萨拉模型? 该模型能否解释万达集团国际化之路?

案例正文

2011 年 6 月万达集团斥资 5 亿元,正式成立了万达影视制作公司,标志着大连万达集团形成了其在电影产业的完整产业链。自其正式、完整地涉足电影产业后,万达集团就于同年迈出了电影这条产业链外向国际化的第一步,意图通过影视产业率先打入国外市场,再寻找时机,一步一步塑造自己的品牌。万达集团通过"引进来"过程中与其他国家的企业和商业品牌合作,积累了丰富的国际化经验,成为国内商业企业中较好地实现了"迈出国门"和企业"走出去"倡议的践行者。

与许多国内企业不同的是，万达集团开展外向国际化的第一步举措就是并购美国 AMC 院线，这种国外市场的进入方式仿佛并没有遵循乌普萨拉模型(Uppsala Model)提到的企业国际化战略选择，尤其是在美国这样与我们地理距离较远、文化差异较大的国家，许多企业会先选择以出口窥探市场需求或潜力，抑或选择新建模式的直接投资。但万达集团已在内向国际化的阶段积累了国际化的经验，对国外市场，尤其是美国影视业的市场有了一定的了解，这是基本符合乌普萨拉模型中的特殊情况，即：在决策者和其公司有一定的市场知识积累时，他们往往会选择高控制型投资方式。由于万达集团正式开始进入美国市场用的"敲门砖"是属于服务产业中的文化产品，使用并购的进入模式要比出口或是新建的进入模式而言市场接受度更高，风险更小，容易更快进入他国市场。

一、案例背景介绍

本部分将简要介绍大连万达集团的发展历程，并将收集到的国际化相关数据归类整理，以图表形式呈现。

(一)大连万达集团简介

大连万达集团股份有限公司创立于 1988 年。经过 30 多年的发展，万达集团涉足了地产、旅游、酒店等领域，形成商业、文化、地产、金融四大产业集团，现已成为以现代服务业为主的大型跨国企业集团。这家民营股份制企业，主营商业地产、酒店建设、连锁百货、电影院线等文化产业以及资产管理等业务的投资及经营。其中，万达商业持有物业面积 3 387 万平方米，已开业的万达广场包括北京 CBD、上海五角场、成都金牛、昆明西山等 207 座；万达金融集团旗下拥有投资、资管、保险等公司。万达集团旗下的影视传媒有限公司以电影电视剧的开发、投资制作、发行、营销宣传等业务为主。

2015 年，大连万达集团首次进入《财富》世界 500 强企业名单，位列第 385 名。2017 年，万达集团位列《财富》世界 500 强的 380 名。2018 年，万达集团拥有企业资产 6 257 亿元，收入达 2 143 亿元。

(二)大连万达集团内向国际化历程

根据大连万达集团官方网站和其 2000 年至 2013 年的工作年报、董事长王健林年会报告等资料，笔者整理分析，认为大连万达集团的内向国际化阶段划分如下。

在可收集到的数据中，大连万达集团的内向国际化始于 2002 年，即为第一阶段：国际化萌芽阶段。此时，地产、商管、文化三大支柱产业均开始与外国公司进行合作。在第二阶段(2005—2009 年)，地产作为大连万达集团最初起家的行业成为内向国际化这一阶段的主力，其中，与外国企业合作最多的为地产公司的酒店业。第三阶段(2009—2013年),万达集团已经由内向国际化逐渐拓展为外向国际化。在这一阶段,商管公司的商业开发引进了大量国际品牌,与许多跨国企业合作,成为第三阶段的主力。而文化公司主要发展国内市场,并与美国企业合资创办演艺公司。

(三) 大连万达集团外向国际化历程

根据相关丛书、报道,作者整理分析,认为大连万达集团外向国际化历程如下。

如表4-1所示,在可收集到的数据中,大连万达集团正式开展外向国际化是在2012年9月,以26亿美元并购了美国AMC院线。从图4-2可知,在内向国际化中,大连万达集团更重视酒店业以及邀请多家知名国际品牌招商入驻的万达广场商业项目,但是,万达在选择进军美国市场时,却选择了文化影视业。这是因为万达集团董事长王健林认为文化产业是"没有天花板"的产业,如果做得好,利润多少是没有上限的。因此到国外发展,首选影视行业,想要在海外进行"绿地"投资来不及,就先行并购现有企业,力求快速进入美国市场。之后,万达集团就开始以文化产业打头,逐渐开展地产公司酒店业、旅游业等多个项目的外向国际化。

表4-1 大连万达集团外向国际化历程

时 间		国 际 化 事 件
2012 年	年初	万达集团制定了十年战略发展目标,决定实施跨国经营、进军国外市场,成为世界一流跨国企业。年末,成立万达文化产业集团,顺利进入电影院线、影视制作等10个行业
	9 月	万达集团以 26 亿美元并购全球第二大影院公司——美国 AMC院线
2013 年	6 月	万达集团以 3.2 亿英镑并购了英国圣汐游艇公司,并斥资近 7 亿英镑在伦敦核心区域建设超五星级万达酒店
	10 月 14 日	万达成立 Wanda One(UK)英国房地产开发公司,用以负责万达集团 One Nine Elms 项目中伦敦万达酒店和住宅项目的开发
	12 月 18 日	万达集团并购的美国 AMC 院线公司正式在纽交所上市,当日开盘价为 19.18 美元,较发行价上涨了 7%
2014 年	5 月 22 日	万达集团与韩国衣恋集团签订了战略合作协议
	7 月 8 日	万达集团用 9 亿美元投资美国芝加哥,将新建一座高 350 米、地上89 层五星级酒店
	8 月 11 日	万达集团宣布并购澳大利亚黄金海岸的珠宝三塔项目,准备建造超五星万达文华酒店

时　间		国 际 化 事 件
2015 年	1 月 21 日	万达出资 4 500 万欧元,购买马德里竞技 20％股份,进入其俱乐部董事会,为中国企业首次投资欧洲顶级足球俱乐部
	2 月 10 日	万达集团并购全球第二大体育市场营销公司盈方体育传媒集团 100％的股份
	8 月 27 日	万达集团以 6.5 亿美元并购了美国世界铁人公司 100％的股权,使万达体育成为全球规模领先的体育经营公司
	12 月 16 日	万达影视控股的美国 AMC 院线收购了拥有许多美国中小市场影院的美国连锁院线 Starplex Cinemas
2016 年	1 月 6 日	万达集团与英国国际医院集团（International Hospitals Group Limited, IHG）签订合作协议,准备在上海、成都、青岛三座城市各建一所英慈万达国际医院
	1 月 12 日	万达集团以 35 亿美元收购美国传奇影业
	2 月 26 日	万达集团与法国欧尚集团在法国共同投资巴黎大型文化旅游商业综合项目
	3 月 3 日	万达集团旗下美国 AMC 院线并购美国卡麦克(Carmike)院线
	3 月 18 日	万达集团与国际足联(FIFA)签署战略合作协议
	6 月 16 日	万达集团成为国际篮联(FIBA)独家商业合作伙伴
	7 月 12 日	万达集团旗下美国 AMC 并购欧典(Odeoni & UCI)院线
	7 月 20 日	万达集团成为新晋世界 500 强
	9 月 30 日	万达与世界羽联(BWF)合作,获得国际羽毛球赛事经营权,并成为世界羽联全球独家商业合作伙伴
	12 月 9 日	万达集团冠名世界足球豪门马德里竞技新主场
2017 年	1 月 23 日	万达集团旗下美国 AMC 并购北欧最大的院线集团
	4 月 26 日	万达集团与世界马拉松大满贯联盟签署了战略合作协议
	6 月 2 日	万达集团旗下世界铁人公司收购 Competitor Group Holdings, Inc. (CGI)"摇滚马拉松"
2018 年	12 月 28 日	广州万达 UPMC 国际医院在广州市黄埔区成立

二、万达内向国际化经验对外向国际化的影响

根据前文整理的 2002 年到 2012 年大连万达集团内向国际化数据,从国际谈判经验、国际合作经验与国际管理经验三个方面分别总结了万达如何积累国际化经验,并分析这些国际化经验对万达集团开展外向国际化的影响。

(一)国际谈判经验

根据万达集团的组织架构,本案例将内向国际化数据按照地产公司、文化公司和商业管理(商业开发)公司进行分类。

1. 地产公司

在 2002 年,大连万达集团旗下地产公司的酒店企业,就已经与酒店行业中的一些跨国企业、知名国际品牌和酒店管理企业签订过合作协议。在与跨国企业等签订合作协议前,万达集团便开始学习谈判技巧,了解其他国家的公司与我国企业谈合作时需要用到的法律法规。这是万达集团最初积累国际谈判经验的途径。

2008 年到 2011 年的四年时间,万达集团和雅高、喜达屋、凯悦、希尔顿、万豪等世界五大酒店管理公司的酒店管理集团以及 14 个酒店品牌都进行了谈判并建立了合作关系。

2. 商管公司

2002—2003 年,万达集团已累计与 12 家连锁跨国企业签订了联合发展的合同,这使万达集团拥有了诸多与跨国企业谈判的经历。2004 年,万达集团准备在境外上市,进行相关的资本运作,经历了为期超过 4 个月、上百次的谈判,最终与其中两家国际知名财团签订合同。

2005 年,由万达商业管理公司管理的长春公司在面临电影城改造、相当一部分管理费收不上来,指标无法平衡的情况下,主动与世界 500 强名列前茅的沃尔玛公司进行租赁区域谈判,取得了一定的成功。

3. 文化公司

值得一提的是,2002 年万达集团与美国时代华纳公司谈判成立一个合资管理公司,并由这个合资公司来租赁管理万达商业广场配套的万达影院。万达集团为此邀请了有名的律师事务所,还从美国哥伦比亚大学聘请了法学博士与商业公司的有关员工一起组成谈判团。最后,通过多次谈判,双方签订了 1 份主合同以及有 1 000 多页的 17 份子合同,为谈判团队积累了足够的谈判经验。

2011 年,万达集团影视产业和美国弗兰克·德贡公司谈判,签约成立了由万达集团控股的文化产业合资企业。在一年的谈判中,万达集团谈判团队的谈判经验得到了提升,这也是万达谈判团队首次接触文化影视产业方面的合资企业的谈判。

基于以上分析,在 2002 年到 2011 年这十年间,万达集团在开展内向国际化的道路上,无论是地产中的酒店行业、商业管理中的万达广场项目还是文化旅游产业链中的影视行业等,都有与许多外国企业甚至世界 500 强的跨国企业签署战略合作协议的经历。十年间与国外诸多企业的谈判与交锋,使万达集团得以积累丰富的国际谈判经验。正如王健林在万达集团 2003 年的总结中所写:"通过谈判,我们赢得了时代华纳的尊重,他们没有想到中国的企业有这么优秀的谈判人员。在与 500 强企业的合作中,万达得到了学习和提高……万达在与巨人合作的过程中,必定会成长为巨人。"对于如何在与跨国企业或国际知名品牌协商合作事宜中争取本企业利益最大化,万达集团尝试邀请集团以外的专业法律顾问团队参与合作谈判,在这个过程中,万达集团积累了丰富的谈判的经验,掌握了跨国谈判的原则与具体的注意事项。因此,虽然万达集团在 2012 年才开始实施其外部国际化战略,但 2011 年及以前与跨国企业和国际品牌合作的经验为其积攒了诸多国际谈判经验。这也解释了为什么万达集团在 2012 年第一次国际化时就采取了对外直接投资的方式,且在谈判过程中获得了较大的优势。基于之前积累的国际谈判经验,万达的谈判团队有效地为企业节省了大量成本。可以说,国际谈判经验的积累,让万达集团能够在开展外向国际化时更加顺利地与来自其他国家的企业代表谈判,并在谈判过程中最大限度地维护了本企业的利益。

这些内向国际化过程当中发生的经验累积,使得万达积累了丰富的国际谈判经验。因此,与传统的乌普萨拉模型中企业要从偶然的出口开始,逐步积累国际化经验不同,在内向国际化过程当中,万达集团已经逐步积累了丰富的国际谈判经验,让万达无论是选择出口、并购还是新建的外国市场进入方式,都能与对方进行良好的合同谈判,为本企业多谋利。尤其是万达文化产业中的影视行业,虽然在三大产业中并不是最早开始内向国际化的产业,但成立合资公司的两次谈判,几乎是万达集团所有谈判中最复杂、回合数最多的谈判。这些内向国际化中国际谈判经验的积累,使得万达在开展外向国际化的第一步就选择了通过并购进行国际化,且选择了影视行业中的院线产品。万达集团在选择了并购全球排名第二的美国 AMC 院线之后,与美国 AMC 的团队谈判并购项目两年,把收购价格从最初的 15 亿美元压到 7 亿美元,最终交易总额为 26 亿美元,远远低于先前关注该并购事件的专业人士的预估价格。万达集团不仅扩大了其在美国影视业市场的业务规模,更让企业占据了世界电影市场近 10% 的市场份额。

第一次并购谈判的成功,极大地促使了万达集团之后的项目并购。此后 6 年10 次大型并购,每一次都获得了较大的利益,尤其是 2016 年并购传奇影业时,谈判团队坚持底价,反复争取,最终以理想的价格 35 亿美元现金成交,成为当时中国最大一笔并购案。

（二）国际合作经验

大连万达集团的国际合作经验较多集中于酒店合作和商业项目开发，下文同样按照所属领域划分。

1. 地产公司

在大连万达集团成立之初，万达就把地产行业作为第一个投资目标。换言之，万达集团是做地产起家的。地产公司规模做大后，建造系列高档酒店成了万达集团地产公司的目标。20世纪末21世纪初，国内的超五星级酒店屈指可数，这对万达集团而言，有不利之处也有有利之处。万达集团决定与已经进入中国市场的酒店品牌或是觊觎中国还未完全开放的市场的跨国酒店管理公司展开合作，启动万达集团第一个产业的内向国际化。

自2002年开始，万达集团酒店公司就与法国雅高集团旗下奢华酒店品牌索菲特等国际品牌达成合作，共同在已开放的地级城市建造高档万达酒店。2007年，万达哈尔滨酒店周边新建了一家宜必思酒店，这使得万达集团的哈尔滨酒店与这家法国雅高旗下的经济型商务连锁酒店品牌形成群体效应，也形成了一种隐形的合作关系。虽然此时万达集团与雅高旗下奢侈酒店品牌已经建立了合作，但宜必思的建成也让万达准备把酒店领域从高端酒店拓展到既有中型商务酒店又有环境稍逊色于高端酒店但价格实惠的经济型酒店，即：要求万达集团从经济型酒店到奢华酒店顾客都会有选择。2008年，万达首次与希尔顿集团的顶级品牌康莱德合作，这次国际合作经验比同期酒店行业中大部分公司更有价值，因为当时康莱德还未曾进驻中国大陆。2009年万达集团规划旅游项目时，从国外聘请了许多业界高手，有著名设计师也有如加拿大伊克赛公司那样的设计公司，这是万达集团第一次邀请到这么多国际人才与之合作，参与旅游项目的设计。至2010年，万达已经与世界5大酒店管理集团旗下14个酒店品牌有过多年合作，覆盖范围广、数量众多的万达国际化酒店已经开业。

2. 商管公司

商业管理公司的商业开发产业作为万达集团的支柱产业之一，也早已开展了内向国际化。与酒店合作不同，商业开发和商业管理与其他国家的企业或品牌合作主要是通过招商让其入驻万达集团所有的万达广场，由此将其引入国内部分城市的市场。2002年到2003年初，商业管理公司合作的跨国企业从1家发展到12家，并进行了多次资源整合。2006年，商管公司引进了法国AEC等许多首次进入中国市场的品牌，这些合作让商管公司对这批新品牌有了了解的机会，增加了合作经验。即使之后商业管理行业不是万达集团最先开展外向国际化的产业，这样的合作经验，也能为开展其他产业外向国际化提供一些参考。

3. 文化公司

万达集团原文化公司所管辖的万达影视，最早开展内向国际化是从与美国时代华纳的合作谈判开始的,两个企业共同成立了合资管理公司用以租赁万达广场的影院。万达与美国企业的合作不在少数,直接与美国公司共创合资公司还是第一次。虽然这次合作最后以万达集团收回经营管理权而宣告失败,但几年的合作经验让万达相关人员了解到了很多关于美国影视市场的信息和状况,知道了美国电影市场的运作管理与我国的差异,这也是万达集团迈出外向国际化第一步时就选择了美国影视业作为第一个目标市场的一部分原因。

因此,虽然没有通过偶然的出口等外向国际化来积累国际合作经验,内向国际化过程中万达集团也积累了诸多国际合作经验。这些经验影响一个企业是否会进行下一步的外向国际化:如果企业在内向国际化发展阶段被文化差异、管理矛盾冲突等问题所困,甚至失去本身的企业特色,它们就很可能不会再选择高控制型的进入方式去其他国家投资,有些可能会选择风险较低的出口等国际贸易方式,但也会有企业因为对外向国际化望而却步逐渐终止自己的国际化进程;反观在与很多国际企业合作时没有盲目遵从对方的企业,积累了越来越多的国际合作经验,也渐渐熟悉了如何处理与他国企业合作、如何解决合作中的冲突与矛盾,就有很大可能性会进行并购、新建等风险较高的投资方式进入他国市场。万达集团就在与沃尔玛等世界500强企业合作中学习和成长,学会了沃尔玛等优秀的管理体系。同时,当发现自己盲目相信大型国际企业但发现其经营管理水平并不适合当时中国的情况,没有让业绩增长达到目标时,便果断收回了经营管理权。在2011年年会上,王健林直指合资企业"负责精神差",并说:"外资管理公司不管酒店赔赚,只管收钱。万达三亚的两个酒店,生意上不去,我们很着急,这么好的酒店,为什么不好好做做营销,可外方总经理总说奢华酒店要慢慢养、坐着等,就是不动。后来把他们派的总经理换掉,让我们的业主代表管理半年试试看,结果两个小伙子做得很好,半年后业绩大幅提升。"万达集团通过这次与国际酒店管理公司的合作,学到了如果急于寻求合作而未先行了解或试验合作就把经营管理权交给外资公司会产生的弊端,也学会了如何解决这种合作带来的问题。

这些国际合作的经历,让万达集团敢于在合作之后继续把目光放到其他国家的市场,而不仅仅局限于中国国内的市场。因此,万达集团内向国际化积累的国际合作经验对于其选择对外直接投资实现外向国际化道路有着重要的影响。

(三)国际管理经验

万达集团开展内向国际化之后,无论是地产公司的酒店管理、商业管理公司万达广场招商经营还是文化公司影视产业中影视院线和万达配套电影院的管理,大多涉及与国际品牌和跨国企业的合作和跨国人才的管理。尤其是合资公司的管理过程中,万达集团与来自其他国家的企业共同管理其在中国的合资公司,这一过程中深度接触了国外企业的经营和管理理念,了解了其员工背后的文化属性和价值观念,为接下来并购海外公司并管理海外员工积累了相关的经验。

在 2009 年,万达集团地产公司为旅游项目招揽人才,聘请了诸多业界知名的设计师、设计团队和加拿大设计公司,并与他们签订了较长期限的协议。跨国跨文化管理的经验奠定了日后万达集团并购之后的经营管理方式。作为内向国际化最后一阶段主力的影视行业,万达集团有过与美国企业合资管理影院后又收回的经历,还有一次与美国公司共同成立合资演艺公司的经历。尤其是前者,对于万达集团日后进行国际管理十分重要。万达集团最初准备建立合资管理公司,谈判签订合同时,还处于刚接触大型国际企业不久的状态,对一切都还不熟悉,对于排名靠前的世界 500 强企业也比较信任,但在实践中发现他们的管理水平不尽如人意,因此才撤销了合作。但这两次管理美国外派到中国的人才和学习美国影视公司管理制度的机会,也让万达集团董事长王健林在并购美国 AMC 院线之后决定在一开始,万达既不急于出口万达出品的中国电影到美国,也不会把美国 AMC 的管理层全撤走换成中国的管理团队,最终只派了一位联络员代表万达集团前去沟通。王健林还决定保留原先的管理层,把以前五家控制的股权收拢于万达集团之后,就与管理层人员签订了长达五年的合同,并且实施奖励机制,让 AMC 反亏为盈,避免了可能的损失。

上文从国际谈判经验、国际合作经验、国际管理经验三个方面讨论了万达集团在内向国际化进程中获得的相关市场知识和经验对其选择开展外向国际化的影响,发现虽然其并未有出口或建立海外销售公司等乌普萨拉模型中企业积累国际化经验的重要流程,但其在国内经营阶段已经通过与国外企业或者相关国际品牌的合作,积累了丰富的国际谈判经验、国际合作经验,并通过与国外企业在中国建立合资公司,积累了丰富的国际管理经验。具体而言,国际谈判经验为万达集团在并购谈判过程中以较低的价格签订并购协议奠定了坚实的基础,国际合作经验使得万达在并购后的整合阶段迅速展开与被并购方的合作,国际管理经验则使得万达在并购后的企业运营阶段展开适应当地员工文化属性的管理方式。本案例的这一研究结论拓展了乌普萨拉模型的适用情境,证实企业最初对海外市场知识和经验的积累不一定完全依赖于通过出口或者建立销售公司来积累,也可以通过企业在当地市场与海外企业的合作来积累。这些内向国际化经验的积累也促使企业增加了对国外市场的知识,对万达集团直接选择 FDI 而非出口来实现外向国际化有着至关重要的作用。

三、案例分析

(一) 结论

本案例通过对万达集团内向国际化和外向国际化的数据整理和分析得出,大连万达集团最初国际化的经验并非来自乌普萨拉模型当中"偶然的出口"。在

2012 年并购美国 AMC 院线之前，万达集团已在母国与国外不同企业合作了至少十年，并在这一过程当中积累了大量的国际化经验和关于目标市场的知识。这些内向国际化经验对于万达集团正式开展外向国际化起到了重要的作用。

因此，本案例的研究表明，企业进行国际化的经验不一定来自出口、代理出口等基于东道国市场的外向国际化历程，很可能其在母国开展内向国际化的进程中就已经积累了相关的国际化知识和经验。这一研究结论拓展了乌普萨拉模型的适用情境，即：决策者和企业可以通过在母国与国际企业或品牌合作，有了内向国际化的尝试，获得了相关市场知识，了解了特定国家或地区的文化与规范后，往往更容易选择目标市场和先行开展国际化的产业，并有效地扩大其业务规模，进入海外市场。

（二）万达集团国际化战略带来的启示

随着中国经济的迅速发展与外交环境的改善，越来越多的中国企业想要"走出国门"，在国际市场上谋求一席之地。但是，不顾自身特性盲目开展国际化的企业，最终很可能被其他大型跨国企业当作"代工厂"或被吞并，成为其他国家的企业进入我国市场的一步棋。因此，本案例根据前文研究主题并结合乌普萨拉模型提出大连万达集团开展国际化经营战略带来的启示，以期为想要进行国际化的企业提供一些可行的建议。启示分为如下几个方面：

1. 国际谈判经验积累

对于国内中小民营企业而言，与世界上其他国家的企业合作已经不再是遥不可及的事情，许多企业都想通过与跨国公司谈合作以增强自己在国内市场的竞争力。此时，国际谈判经验丰富的谈判团队能为企业争取更多的利益。因此，企业应选择让自己的谈判团队多接触国际业务，积累经验了解目标国家的法律法规等，或是聘请已进行了多次国际谈判的专业团队，使谈判结果更接近预期。而在国内与国际企业谈判的经历，也能更好地帮助一家企业判断自己是否有能力在"走出去"开展外向国际化的时候更能把握期望的效果。

2. 国际合作经验积累

在与国际知名企业开展合作的过程中，许多企业都想学习他们的技术、学习国际市场知识、了解对方的文化，以期增强实力，有机会"走出国门"，打开国外的市场。然而，来华寻求合作的知名企业，有许多是看中了跨国发展的机会、未饱和的市场和相较于欧美发达国家而言更为低廉的劳动力成本。因此，许多大型跨国企业由于本国限制和自身原因，不会把核心技术传授给力求通过更高的技术扩大市场的企业，甚至有可能通过统一的管理逐步整合中小企业将其逐渐吸纳为己用。对于与国际企业、品牌有比贸易来往关系更加紧密的合作的中国企业而言，不应依赖于合作伙伴或是企图掌握其核心技术，而应视具体情况，在合作中学习国外企业的优点但不盲从以致削弱自身特点，以此积累国际化合作经验，了解海外市场需求，规划之后的国际化道路。

3. 国际管理经验积累

从大连万达集团收购美国 AMC 院线之后的管理绩效来看，万达集团的国际化管理经验使其在后续经营管理时更能根据实际情况进行决策。例如，万达集团并购美国 AMC 院线后，并未更换其管理层，而是只安排一位联络员去美国，并以签订 5 年合约、工资提高 3% 和绩效考核等方式激励管理层努力提升业绩，也取得了一定的成功，当年就转亏为盈，盈利额为 5 800 万美元。由此可见，想要跨国经营的企业，首先需要正确判断自己的企业规模和能力；其次，尽可能在国内进行"合资"等内向国际化，积累跨文化管理的经验，找出合适的企业管理方式并应用于外向国际化阶段。这可以使企业在"走出去"之后能良好经营，为下一步开拓市场的国际化道路做铺垫。

附录：

乌普萨拉模型介绍

乌普萨拉模型（Uppsala Model）源自两名乌普萨拉大学的学者对瑞典企业国际化案例的总结。Johanson 和 Vahlne 通过收集数据与实证分析，发现许多瑞典的公司在国际化的进程中，倾向于选择先以风险较低的进入模式进入他国市场，积攒了足够的经验，一步步立稳脚跟后再选择风险较高的进入模式。具体而言，乌普萨拉模型是一种渐进式企业国际化理论，认为企业开展国际化一般遵循如下流程：首先，企业最开始的国际化往往始于偶然的出口，通过偶然的出口，在国外市场获得一定的利润，也积累一定的经验。在这个过程中，企业逐步从偶然出口开始转向代理出口，以实现持续的出口，获得更高的利润。与偶然出口相比，这一过程使得企业能够积累关于国外市场更多的知识和经验，这些知识和经验的增加促使企业能够正确评判国外市场的发展潜力，进而促使企业做出合适的承诺决策判断。随后企业可能会不满足于简单的代理出口，而是在海外建立销售机构，进行更大规模的海外经营，继续拓展海外市场。最后，当企业积累了足够的知识和经验，更加熟悉和了解国外市场的经营环境，包括政治环境、经济环境、文化环境等，对于海外的经营和管理有了一定的认知时，企业往往才会做出进行海外直接生产的决策。因此，总体上讲，企业的国际化发展存在学习效应，在海外市场的知识和经验逐步积累促使企业做出更高程度的承诺，进而产生更高程度的国际化，也就是说，企业的国际化是一个逐步发展的过程。

Johanson 和 Vahlne 在 2009 年的文章中更新了 Uppsala 模型。其中，商业关系和网络渗透了国际化进程发展的重要部分。集团关系在商业中起着重要作用。许多商业和信息交换发生在供应商和客户之间稳定的关系中，所有这些关系的结果就是网络。成为局外人，缺乏网络关系成为一种劣势。企业进入的网络结构很重要，网络密度和中心性的调节作用也很重要。Yamin 和 Kurt 表明，外来者劣势对外部公司进入封闭网络的意愿产生了调节作用。这种国际化网络理论也反映在乌普萨拉模型 2009 年的修订版中，其中，"市场承诺"在理论上得到了扩展，并被"网络地位"所取代。

2017 年版的模型继续围绕状态和变化变量进行调整，并将重点转向了后者，即承诺过程和知识积累。Vahlne 和 Johanson 提出了变化发生的两个起点：第一个涉及资源承诺或取消资源承诺的间歇性决策过程；第二个涉及通过学习、创造和信任建立的持续知识开发过程。该模型回应了早期模型对经验知识的强调，认为知识的发展过程是持续发生的，从而改变状态变量，即能力和绩效。资源承诺或取消资源承诺的间歇性管理决策以及持续的知识发展通过它们对状态变量的影响而相互影响。该模型进一步强调，学习是基于过去的经验，并且在所有内部和外部网络单元的风险、不确定性和部分无知的条件下发生。

案例五　中国境外农业经贸合作园区全产业链投资模式分析
——聚龙集团

 学习目标

1. 结合"走出去"与"一带一路"倡议背景,了解中国农业企业建立境外农业经贸合作园区现状,掌握农业全产业链投资模式的构成。

2. 基于天津聚龙集团相关案例,了解农业企业"走出去"开展全产业链投资的风险以及国家所应给予的政策支持,理解相关国际投资理论。

 课前思考

1. 农业企业对外直接投资的背景与动因有哪些?
2. 农业对外全产业链投资的战略机遇如何?
3. 聚龙集团投资境外农业经贸合作园区如何开展区位选择?
4. 聚龙集团农业对外全产业链投资面临哪些风险?如何克服?

 案例正文

一、引言

2018 年中国以占世界不足 8% 的耕地产出了世界 24% 约为 6.25 亿吨的粮食,但农业技术相对落后与农业资源匮乏不能满足国内对高品质农产品日益增加的需求,农产品贸易逆差逐年增大并持续位居世界第二。农业对外直接投资粗放的发展模式使中国农业企业一直处在价值链的底端,全球产业链整合能力弱,极易受到

全球市场负面波动的影响。同时国有企业拥有更好的资金政策支持,而民营资本面临国家政策支持不足及更高的进入壁垒,且更多关注生产环节和降低生产成本,缺乏对整个产业链的战略思考和整合,降低了在价值链中的竞争力。

"十三五"期间,商务部与农业部牵头在"一带一路"沿线以境外农业合作园区的模式推进企业对外"抱团投资",打造农业全产业链的战略协作,进一步提升农业可持续发展水平与农业全产业链国际竞争力。境外农业合作园区作为"走出去"的新模式,是统筹与利用"两个市场、两种资源和两类规则"的重要途径,有利于加快农业企业围绕产业链横向、纵向一体化发展与技术提升,有利于实现生产要素的优化整合,且可以通过参与园区基础设施建设,有力地推动装备"走出去"和国际产能合作。针对"一带一路"沿线国家的农业产业发展特点,我国大力布局与建设农业境外园区,打造农业境外投资集群化运作新平台和发展新引擎,为构建对外开放全新格局拓展更为开阔的发展空间。

中国天津聚龙集团作为民营企业代表,是我国油脂行业最早建立的民营企业之一,名列棕榈油贸易领域国内企业第一位。集团投资印度尼西亚棕榈油种植园20万公顷,获得国家级境外经贸合作园区称号,在当地配建有3个压榨厂、2处河港物流仓储基地和1处海港深加工基地,极大程度地改善了当地的基础设施与生活设施,直接雇佣当地工人超过1万人,覆盖9 000多农户,近5万人从中受益。集团为当地创造了大量的就业机会与经济增加值,承担了企业社会责任,在当地树立良好的口碑,成为我国民营企业"一带一路"沿线"走出去"的示范企业。集团对外直接投资区位选择精准、产业定位清晰、运营管理先进、建设成效突出。通过对聚龙集团融合农业投资、生产、加工仓储物流、贸易及品牌等全产业链投资模式的案例分析,关注境外农业合作园区投资模式优势及模式运行中需要面临的主要问题,对提高农业对外全产业链投资有效性具有显著意义。

二、相关理论基础

当前,中国农业与世界农业深度融合、全面参与国际竞争与合作。境外农业园区建设是政府引导、企业参与的农业国际合作新形式,也是对外直接投资的一部分,有利于发挥"走出去"的集聚效应,符合互利共赢的国际化发展理念,正成为推动农业"走出去"难得的发展机遇。

(一) 改变农业对外投资散乱格局,围绕农业产业链拓展定位投资

提升园区内企业的产业化水平和结构调整升级,形成产业链配套,带动园区内企业集群式发展,提高农业企业全球资源配置能力与国际市场竞争力。国内农业企业"走出去"在境外建立国家级农业产业园区,不仅能转移农业机械等过剩产能,带动劳务输出,境外粮食战略储备基地能保障国内粮食、食品安全及稳定供应,还

有利于国内外市场进一步分工协作与要素的优化整合,促使农业企业围绕农业产业链横向、纵向一体化发展与技术提升。

境外农业合作园区有利于集成示范推广现代农业技术,为农业科技成果产业化搭建新平台。建设现代农业产业园区,推进农业科研、教学、推广、企业、合作组织发展多种形式的合作,实行农科教、产学研结合,有利于加快农业科技成果引进、吸收、集成、创新步伐,培育发展种子种苗、生物工程、科技服务、农产品精深加工等现代农业产业,提高农业科技创新能力,促进农业科技成果产业化。

（二）有利于国家精准扶植农业龙头企业,提升国际市场竞争力

2015年中央一号文更是明确提出要加快培育有国际竞争力的农业企业集团,提高大中型企业在国际市场的竞争优势。围绕农业企业集团建立境外农业合作园区也是培养我国农业龙头企业的重要方式之一,有利于培育壮大优势特色产业。当前我国已经成为世界农业生产和进出口大国,但是从企业的盈利能力、抗风险能力来说还亟待提升,在国际市场上的话语权也不强。一方面是我国涉农企业的整体发展起步较晚,目前还没有形成较强的、能与国际四大粮商竞争的实力;另一方面,农业作为周期长、自然风险高、受各国政治社会因素影响大的特殊行业,各类风险尤为显著,对企业实践带来诸多的不确定风险。面对国际农业垄断寡头对跨国贸易的垄断格局,我国应发挥国有农业企业的主导作用,着力培育中国自己的国际"大粮商"。借助建设境外的农业产业园,打造覆盖全产业链的境外农业合作,在境外的农业产业链里往上游下游更加深入地渗透,充分利用境外优质的农业资源和中国自己的优势,学习先进的农业技术,通过建成优良的农业产业园来树立更加良好的中国粮商的形象在境外建设农业产业园,着力加强商品生产基地建设,打造稳固的粮食战略应急基地。同时,整合园区内外科技资源,探索组建水稻、种业等科技创新联合体,形成以企业为主体的综合性农业科技创新、技术集成和转化应用平台。

（三）形成国内外资源优化配置和产业合理分工

发展境外农业产业园区能够更有效配置国内外的优质农业资源,深入实施对外农业合作战略升级,使更多国内企业的资金优势和技术资源得到有效发挥,主动参与国际合作与竞争,以获得市场份额和技术开发能力,且中国企业还可以壮大自己,拓宽企业的发展空间,不仅延伸产业链的长度,尽可能提高农产品精深加工比重,实现价值增值,而且扩大产业链宽度与厚度,尽可能提高各个产业环节和产品功能综合利用水平,壮大农业产业链的规模,增强市场竞争力。农业产业链的优化具体体现为农业生产资源由低效益、低生产率行业向高效益、高生产率行业转移。只有同时延伸农业产业链条,实现农业一体化经营,促进农业经营活动跨越产前、产中、产后三个领域,才能矫正农业的某些自然属性,使中国的农业竞争力和自我

发展力得到不断提升。

（四）有利于产业链整合与国际产能合作

产业链整合，就是打通从上游的原料来源、中游的农产品深加工到下游的市场销售这个大动脉，形成上中下游的联动一体化发展模式。通过垂直整合产业链，进行纵向一体化的建设。境外农业产业园区是中国农业企业打通上下游，从原料到品牌销售都由自己主导，充分的产业链整合也是中国打造国际级大粮商的必要条件。整合产业链的农业园区与产业链上单独环节的企业相比，更加有整体作战的优势。产业链一体化的农业园区的形成，本身就是一个很高的行业壁垒，因为整合了上下游，不仅在原料来源上具有成本优势，并且通过规模化、标准化的生产加工，生产效率大大提高，单位产品的加工成本也大大降低；通过整合产业链上下游，进行集约化的管理，企业的经营管理水平大幅提高，运营成本也大幅降低，这些都让竞争者或潜在的新农业企业形成进入壁垒。

从产业链角度出发，中国农业对外投资已扩展至种植、畜牧养殖、农产品加工、农业生产技术研发、商业化以及产品品牌、销售渠道等。而通过建设境外农业产业园，企业通过行业板块有机结合的扩张，实现产业链中不同环节优势互补，借助协同效应实现全产业链竞争。部分国有粮食集团与私人农业企业涉及物流环节投资，渔业国有企业与改制后的股份制企业涉及相关产业的机械生产与贸易。投资领域已延伸至粮油作物种植（如黑龙江农垦、中储粮、中农发、卡森等）、农产品加工（如中粮、中农发、吉林粮食、聚龙等）、物流仓储（如黑龙江农垦、中农发、重庆粮食、青岛瑞昌等）、水产品生产加工（如中鲁远洋渔业）与森林资源开发（如中粮）等。

三、中国农业境外合作园区投资发展现状

我国农业对外投资仍处于较初级的发展阶段，投资模式仍以绿地投资为主，同时受到资金和技术上的限制，大多采用合资模式，独资模式较少，投资风险大、投资需求小、资金融通难及跨国人才少，但我国农业对外投资的规模持续保持快速增长，且随着我国农业企业国际竞争力的提升，对外跨国并购比重也将不断增长。境外农业合作园区建设是解决资金规模小、可持续发展困难、实施企业难选择以及无法享受部分外援项目待遇重要途径，也是拓展"走出去"的新渠道。建设合作园区能够使得大型企业利用其雄厚资金、高效管理和先进服务等优势，而中小型企业则可依靠园区提供的境外生产经营机会，培育自己国际化的管理经验，这也有利于国内产业结构的优化升级。

表5-1列举了截至2016年中国境外投资的农业产业园区，其中华信中俄现代农业示范园区、贵友集团吉尔吉斯斯坦亚洲之星农业园区及中国—印度尼西亚

棕榈油全产业链园区已经通过商务部确认考核成为国家级境外产业园区,其中主要以全产业链投资模式为主。

表 5-1　中国投资农业境外合作园区一览表

区　域	国家/地区	农　业　园	按功能划分
欧洲	俄罗斯滨海边疆区	华信中俄现代农业示范园区	全产业链综合型
	乌克兰	中乌农业合作园区	全产业链综合型
	芬兰	北欧湖南农业产业园	全产业链综合型
中亚	吉尔吉斯斯坦	贵友集团吉尔吉斯斯坦亚洲之星农业园区	全产业链综合型
	塔吉克斯坦	中塔坦农业科技示范园区	农业科技园区
	哈萨克斯坦	中哈苹果友谊园区	农业科技园区
东南亚	印度尼西亚	中国—印度尼西亚棕榈油全产业链园区	全产业链综合型
	柬埔寨	天睿(柬)农业经贸合作特区	全产业链综合型
		柬埔寨·海南热带特色农业产业园区	农业科技园区
		柬埔寨漳州现代农业产业园区	全产业链综合型
		中国(广西)—柬埔寨(暹粒)农业科技示范园	农业科技园区
	越南	中越农业科技示范基地	农业科技园区
拉丁美洲	古巴	中古农业示范园区	农业科技园区
大洋洲	澳大利亚	中国农垦(澳大利亚)诺埃拉牧场	全产业链综合型
	新西兰	中国—新西兰农业产业园	全产业链综合型
非洲	苏丹	中苏农业合作开发园区	全产业链综合型
	莫桑比克	莫桑比克农业技术示范中心	农业科技园区
	坦桑尼亚	中国—坦桑尼亚现代农业产业园区	全产业链综合型
	津巴布韦	安徽省农垦津巴布韦经贸合作区	全产业链综合型

区　域	国家/地区	农　业　园	按功能划分
非洲	尼日利亚	尼日利亚 Abuja 农业示范园区 Wara 农业园	全产业链综合型
	乌干达	中国—乌干达农业合作产业园区	全产业链综合型

四、聚龙集团境外农业产业园区全产业链投资模式

中国投资境外农业产业园区以龙头企业带动相关产业链企业走出去的模式为主。聚龙集团作为行业领军企业,其在印度尼西亚等国投资棕榈种植园区,全产业链投资模式显著提升了其核心竞争力和抗风险能力,将其境外产业园区作为本文的案例研究对象有一定的代表性。

(一)聚龙集团棕榈油全产业链构建历程

天津聚龙集团是我国油脂行业最早建立的民营企业之一,2016 年营业额已经超过 200 亿元,连续 6 年名列前茅,占据我国棕榈油贸易领域 22% 的市场份额。下文梳理了聚龙集团自 1993 年成立以来,从确立以棕榈油产业为主导进入棕榈油贸易领域,至 2002 年高起点涉足加工领域,最终依靠境外资源的有效利用打入上游种植领域从而完成全产业链扩张的发展历程(见表 5-2)。

表 5-2　天津聚龙集团全产业链扩张历程

年　份	战略活动内容	产业链环节	环节分布
1993 年	公司成立,从事国内粮油贸易	贸易	中游
2000 年	进入棕榈油国际贸易领域	贸易	中游
2002 年	进军油脂加工领域	加工	中游
2006 年	投资建设中国第一个境外油棕榈树种植园	种植生产	上游
2007 年	建设中国第一个粮油期货为核心的研究院	金融	相关支持产业
2008 年	企业整体集团化	运营	企业战略
2010 年	投资建立小额贷款公司,进入金融业	金融	相关支持产业
2012 年	进入印度尼西亚市场	运营	企业战略

年　份	战略活动内容	产业链环节	环节分布
2013 年	投资建设中国印尼农业合作示范区	贸易—加工— 物流—销售	上、中、下游全覆盖
2014 年	进入非洲市场	运营	企业战略

棕榈油与大豆油、菜籽油并列为"世界三大植物油"。根据美国农业部的数据，自 2001 年以来，棕榈油消费的平均年增长率为 8.84%，远远高于同期豆油及菜籽油的消费平均年增长率 4.48% 和 6.81%。通过对近 5 年的全球棕榈油产量和消费量进行对比，可以发现全球棕榈油的需求缺口不断缩小，并于 2016 年消费量首超产量，形成了供给缺口。因此从世界范围来看，棕榈油的需求仍将进一步增长，这为聚龙集团棕榈油业务的发展带来机遇。

聚龙集团境外经贸合作区目前已累计投资 13 亿美元，吸引了 4 座棕榈毛油压榨厂、1 个包装油公司、1 个物流公司和其他 10 家农业相关公司入驻，围绕棕榈油生产、加工、仓储、销售、品牌、融资等全产业链模式逐步形成。

1. 控制上游原材料种植领域

棕榈油为热带植物油，东南亚国家因全年高温、雨量丰富适合大规模种植油棕。我国由于受气候等自然条件的限制，仅海南、广西、广东、福建等地少量种植，远远满足不了国内巨大的消费市场。数据显示，中国棕榈油进口量占全球进口量的 10%，位列第四位。缺乏对上游产业链的控制，中国本土供给不足，原材料进口需求日益增加，这是天津聚龙集团面对的最大劣势，也是他们不得不走出国门面对世界的原因。

聚龙集团通过在印尼建立合作园的方式实现了对上游原材料的控制，直接影响到企业在原料领域的话语权。聚龙集团通过农业产业合作园区方式，在 2020 年通过与当地农户合作方式实现了从 20 公顷到 50 万公顷的棕榈种植，年产 250 万吨棕榈毛油。

2. 巩固、扩大中游技术和产能优势

聚龙集团以目前全球领先的棕榈油精炼、分提技术为基础，加大研发投入，重点致力于油脂深加工领域。在印尼棕榈油合作园中，聚龙集团除了划拨专门的区域种植棕榈树，还关注初级产品的加工和深加工园区建设。至此，聚龙集团引用先进的棕榈油产业循环经济模式，将棕榈果用于榨油，纤维用来燃烧发电，空果串、污水、污泥等生产废料用作化肥施于种植园，不仅减少了成本，也减少了柴油等资源的应用。

3. 强化下游产业，打造国内外完善的物流服务平台和价值创造体系

聚龙集团以海外、华北、华东和华南平台为基础，以已经投入运营的江苏靖江

港务中心为突破口,国际航运、国内码头、输油管道、仓储、国内汽运、铁路联动,形成一个国际、国内完善的物流服务平台和价值创造体系。集团在印度尼西亚的农业园区中临海区域,建设物流园区与码头专门用于往海外输送物资,作为产业链的下游,形成完善的国际物流服务体系。同时,由于粮油属于大宗农商品,具有周期性特征,在与世界粮油巨头竞争的过程中,延伸产业链、完善链条上的各个环节、搭建专业的生产服务新平台成为产业园发展中绕不开的一步。聚龙集团在原有研究院的基础上继续扩大在金融业务方面的研发和投入,结合实体业务,构建和升级金融平台,创新融资工具,进行金融衍生品和金融服务价值创造,以创新的金融手段开展粮油生产、加工与贸易,提高企业的风险管控和整体盈利能力。

我国是世界棕榈油的主要消费国,但由于中国不适宜种植棕榈树,棕榈油在我国粮油消费中对外依存度最高,占整体进口份额的比重越来越高(近十年占粮油总体进口份额的 65% 左右),是棕榈油的完全进口国。2015 年我国进口棕榈油 431万吨,同比增长 8.6%,进口依存度达到 66%。综上所述,从世界范围来看,棕榈油市场拥有强大的需求增长潜力,而从国内供需角度来看,我国棕榈油产业面临严重的进口依赖与需求缺口,这些都驱动着聚龙集团从 1995 年即开始坚守棕榈油产业,并积极依靠转型提高在国际市场上的话语权和竞争力,以维护我国的粮食安全。

4. 从传统贸易型向生产贸易型转变

2000 年聚龙集团进军棕榈油贸易领域,但国内棕榈油贸易很大程度受到国际市场的波动影响,国际市场棕榈油价格暴涨暴跌给聚龙集团带来了沉重的打击。2002 年起聚龙集团形成了企业油脂加工基地在国内华北、华东、华南的战略布局,完成了由传统贸易型向加工贸易型的转变。随着国际粮商进入我国市场的道路愈加宽广,国际四大粮商①几乎垄断了国内中下游环节,使得体量较小的中小企业在市场中缺乏话语权。聚龙集团要继续在棕榈油行业持续发展,必须将其产业链扩张到上游资源领域,发展其工业生产,并加强资本运作。聚龙集团自 2006 年起开始走国际化的道路,向印度尼西亚发起境外投资,建立了我国境外第一个棕榈种植园,并于 2011 年建立了我国境外第一个棕榈油压榨工场,将产业链向上游产业延伸。2013 年,聚龙集团于印度尼西亚建立了农业产业合作区。期货交易的普及与流行令粮油的生产与定价逐渐同虚拟金融挂钩。2007 年聚龙集团创建了民营粮油企业中第一家旨在探究宏观经济运作和粮油期货交易的研究院,这也是聚龙集团完善其实体产业与金融资本结合而迈出的重要一步。2010 年聚龙集团通过建立小型贷款公司,开始进军金融服务领域(见图 5-1)。

---

① 美国 ADM、美国邦吉、美国嘉吉、法国路易达孚被业内称为国际四大粮商。

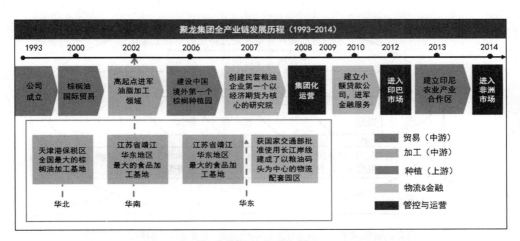

彩图

图 5-1　聚龙集团全产业链模式的构建历程

(二)聚龙农业产业合作区全产业链经营模式分析

聚龙集团农业园区全产业链上集聚了产前的种植企业基地或养殖企业基地,产中提供田间管理服务、标准监督服务以及物资供应服务的企业,产后加工环节的保鲜加工、食品加工、储存加工、包装加工等企业,流通环节的物流配送企业、冷通企业、渠道开发与维护企业,消费环节的专营店、商业超市专柜、电子商务、出口贸易等企业,还包括政府和平台企业。从组织模式上看,主导企业是由企业在政府的帮助下成立的平台企业,在平台企业的引导下,整个农业产业链上的现代农业生产企业、农业生产配套企业、农产品加工企业等被吸引到平台内集聚发展,政府通过公共投入支出完成产业园区内外相关的配套设施建设,平台企业或聚集在平台内的服务企业通过平台统筹安排为平台内的企业和农户提供融资服务、营销服务和监管服务等各项企业发展所必需的帮助。"基地+平台+政府"三位一体管理模式还采用"一区多园""合作开发"及"海外农业开发商"来构建全产业链服务以增加聚龙集团的国际竞争力,并提升在内部组织管控方面的优势。聚龙农业产业合作区利用印度尼西亚当地的原材料资源打入棕榈油上游环节,达成了从上游原料供应到下游销售的纵向一体化目标(见图 5-2)。

1. "基地+平台+政府"有机组合的全产业链集聚运营模式

天津聚龙集团投资印度尼西亚境外农业经贸合作区不仅仅要取得当地资源进行处于微笑曲线中间的低附加值生产工作,更要通过发展全产业链,将园区从微笑曲线的中间向两端延伸,一边升级技术,一边在东道国提供高附加值的农业服务,包括建立销售网络、发展观光旅游等产业。园区全产业链集聚运营模式采用后向一体化战略从而掌握原材料供给的控制权,而原材料的稳定供给对于集团自身的产品价格稳定至关重要,使用成本领先战略的粮油企业无法通过差异化来降低消

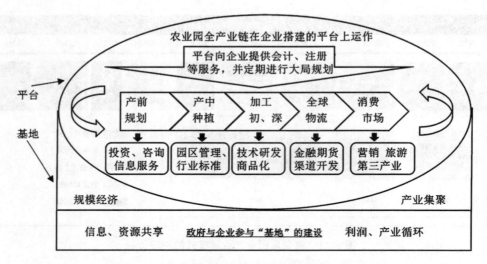

图 5-2 聚龙集团全产业链经营模式构成图

费者的价格敏感度进一步提升园区整体的利润空间。在基地、平台、政府有机结合的基础上,通过基地来实行农业的绿色规模化生产,通过平台建设来实现价值链的整合,通过政府提供投资、服务、监督来保障产业链集聚的有效运营。其中,生产基地能够规模化生产,降低园区成本,同时围绕全产业链各个价值链环节进行优化整合后构成平台,平台企业通过整合整个产业链上的企业,集中资源来突破与整个产业链升级相关的关键环节或共性技术研发,提升整个农业产业链的技术能级,促进农业创新。而政府则提供投资、服务和监管,不仅有利于增强平台企业的可信任度,增强园区内企业的抗风险能力,还要对整个农业全产业链各环节进行监管,保证最终农产品的生态安全。

聚龙集团境外农业产业园区全产业链投资运营方面,由政府、平台企业以及平台内的相关企业共同投资运营农业生产配套服务。首先,联合当地政府部门及企业通过公共投入建设农业产业园的各种必须设施,包括基础设施、配套设施和环境设施等园区硬件建设,园区组织、文化、卫生、治安和服务等园区软件建设,为企业和园区内的农户提供稳定的环境。同时,政府还要注入资金到平台企业,提升平台企业的信任体系,增强整个农业园区抗风险能力。其次平台企业要搭建各种服务平台,为平台内企业提供各种综合服务,主要包括融资服务、知识产权服务、品牌培育与推广服务、信息收集与相关公共技术服务以及与其他产业的融合服务等。再次,加入平台的企业和生产基地要完成农业生产以及农产品加工、流通和销售。农产品加工可通过龙头企业为引领带动相关中小加工企业集聚的方式进行,农产品流通可采取由平台企业通过物联网技术进行统一部署、平台内相关企业完成配送的方式进行。

2."一区多园",错位发展

园区建设采取"一区多园"的模式,分为 5 个园区,主要分布印尼加里曼丹走廊和苏门答腊岛走廊,既与印尼国家发展规划呼应及政府提倡的特色产业相符合,也非常适合开展农业种植园相关产业项目。聚龙集团根据每个园区的自然资源、人力资源和基础设施特点,对不同的园区有着不同的功能定位(见表 5-3)。多园区的模式提高了各个产业链的专业化程度,有利于各个环节高效运营。合作区以油棕精深加工为主导建立了实体的全产业链,构成海外油料资源开发产业集群。除此之外,聚龙所创建的全产业链注重协同运营的效果,合作区环绕上游生产园区创设了仓储物流体系,并逐步构建金融产业服务链条。聚龙研究院非常关注棕榈油全产业链价格体系的动态发展,并在园内建设了气象站对棕榈果收获的质量进行监控与预测,为聚龙期货交易提供了重要的依据。

表 5-3　聚龙集团五大产业合作区园区功能定位

园　区	功　能　定　位
中加里曼丹园区	棕榈油加工园区、优良品种研发和培育基地、物流运输及仓储平台
南加里曼丹园区	棕榈油初加工基地
西加里曼丹园区	棕榈油初加工基地
北加里曼丹园区	棕榈油初加工基地
楠榜港园区	棕榈油综合(精深)加工园区、国际物流仓储中心

3."合作开发",命运与共

小规模技术理论和技术地方化理论为聚龙农业产业园区的本地化提供了很好的指导,聚龙集团灵活调整适应东道国发展的技术与投资方式,以此获得局部规模优势,达到双赢的局面。聚龙集团与本地农民签订"合作种植"的合同,并为其提供资金和技术上的帮助,农民能以棕榈果的收获进行偿还聚龙提供的贷款,这使聚龙与本土农民的利益紧紧捆绑,造福本地人民的同时,也大大增强了农民的生产动力,为聚龙带来了更好的经济效益。在建设农业产业合作区的过程中,聚龙集团投入大量资金用于改善基础建设、教育环境和卫生条件,聚龙集团与本土企业共同推进棕榈油产业的可持续开发,树立良好的海外投资商形象,有助于减少国际上对我国农业对外投资"新殖民主义"的负面舆论。聚龙集团还非常尊重印尼本土的宗教信仰和风俗习惯,修建了许多教堂、寺庙等基础设施,按照本地的宗教作息安排生产活动,聚龙依靠积极履行社会责任造福本地,也因此获得了本地政府的信任与政策支持。

4.	"海外农业开发商"，轻装上阵

聚龙集团以"海外农业开发商"的模式走"轻资产运营"路线，在棕榈油产业链的各个环节引入了相应企业，通过成立海外综合性公共服务平台进一步完善基础设施、规范化园区管理、专业化管理队伍，为园区内的各类企业提供差异化、高效率的公共服务。这种模式有效降低了入园企业基础设施的投资成本，减少了投资风险，使各企业能够专注生产与经营，提升其生产效率，推进了园区企业集群式的国际化发展。

（三）聚龙集团农业产业合作区全产业链经营模式优势

农业境外合作园区全产业链投资模式体现出规模化、集约化与便利化经营优势，不仅利于创造规模效益，还利于现代农业产业价值链经营模式的引入与深化，彰显农业产业集约化发展优势，实现双方农业产业投资从环节输出向链条输出的转变，使得农业产业运作内在关系更为契合与有机，从而放大产业链条效应。且园区产业引导与集聚极容易构建良好的产业配套环境，使得核心产业与配套产业、产业主环节与次环节形成快速、密切衔接和低成本运作，园区不断完善的通用性基础设施可为农业企业提供更多的共享资源，减少重复费用的支出，增强产业发展活力，同时园区良好政策环境与服务环境有利于减轻产业运行外部成本压力，解除企业诸多后顾之忧。

1.	产业链协同效应

从全产业链视角来看，聚龙集团通过纵向整合、战略协调以及上下游资源共享等方式实现协同效应，主要表现为以下三个方面：一是有效增强企业对产业链上下游掌控力，降低因合作方机会主义行为对企业造成的巨大经营风险。聚龙集团上游原材料供给的稳定很大程度上降低了棕榈油加工贸易受国际市场价格波动或供需断层的不确定风险，从而进一步保障了中游加工贸易以及下游的销售环节正常运转。二是降低市场交易成本，提高企业资源利用率。首先，聚龙集团全产业链经营模式可降低市场信息收集成本。由于影响棕榈油供求关系的因素较多，聚龙集团通过协调上下游产业间协作关系，实现信息高效流通，最大化市场信息完全性，减少收集产品和交易对象等信息的成本。其次，极大程度降低聚龙集团因为达成市场交易或签订契约付出的谈判成本以及为保证交易对象能力而付出的产品跟踪、验货和监督等内部成本。再次提高产业链整体附加值。从聚龙集团上游棕榈树种植开始，每向下游增加一个环节便产生一个环节附加值，通过尽量减少无附加值环节，保留并强化诸如油脂提炼技术、高水平物流服务等高附加值环节，实现农业合作园区全产业链整体的价值增值。

2.	强化过程控制

境外农业合作园全产业链模式有助于改善松散的农业产业链结构，降低农产品在质量与安全上的不确定性。现代农业产业链的延伸增加了农产品生产与流通环节的复杂性,致使任何环节出现问题,都能够迅速波及产业链其他环节,而全产业链投资一定程度上确保了农产品生产流程高度系统性和协调性。从消费者角度看,目前消费者对农产品需求由功能型消费转向品质与服务型消费,农产品质量对消费者购买行为产生重要影响。聚龙集团致力于从源头端保障棕榈油质量,实施标准化过程控制和严格的质量管理,实现棕榈油由生产、加工、运输再到销售的有效控制。同时,企业注重从技术层面解决棕榈油提炼过程中存在的技术壁垒,目前聚龙集团已经实现棕榈油产业两大技术突破:第一是成功地将棕榈油的熔点降低,使其在低温下呈液态;第二则是降低了饱和度,使其饱和脂肪酸的含量由51%降到30%,为消费者带来更好的体验。聚龙集团全产业链模式将有效确保棕榈油品质安全,提高企业国际市场竞争力,为维护国内农业品供应安全起到重要作用。

3. 国内外政策支持

国内外相关政策为聚龙集团产业合作区全产业链投资模式顺利运行提供制度保障。从我国出台的相关政策来看,2003年十六届三中全会通过了《中共中央关于完善社会主义市场经济体制若干问题的决定》,该决定提出鼓励工商企业投资发展农产品加工和营销,积极推进农业产业化经营,形成科研、生产、加工、销售一体化的产业链。2006年国家商务部、农业农村部和财政部联合发布《关于加快实施农业"走出去"战略的若干意见》,正式确立农业"走出去"战略。从2007—2013年中央一号文均提出要在政策上鼓励农业龙头企业向纵向一体化发展,加快农业"走出去"步伐,开拓新的资源与市场。此外,自"一带一路"作为我国对外开放新形势下的重大畅议举措以来,中国与沿线各国开展了各具特色的合作项目,而农业境外园区作为对外产业集聚化合作的重要平台,其作用和优势将会得到进一步彰显与放大。2016年8月,经过商务部考核,聚龙印度尼西亚产业园获得国家级境外经贸合作区,获得天津市与商务部直接的资金扶植与其他税收等优惠政策。印度尼西亚政府制定了一系列鼓励棕榈油行业吸引外资政策,聚龙集团在印度尼西亚的第一种植园属于印度尼西亚当地政府与公司合作项目,打破了传统的由"企业+农户"或由"政府+农户"服务模式带来的诚信度不高或政府负担过重等问题。聚龙集团通过工业模式带动当地就业和印度尼西亚工业化生产,与印度尼西亚政府的发展目标一致,因此聚龙集团全产业链模式得到印度尼西亚政府的鼎力支持。

4. 全产业链风险管控

市场需求的差异性与复杂性使得企业的全产业链模式面临更多考验。全产业链的经营在增强聚龙集团的国际竞争力的同时,也对通过内部严格管控有效降低全产业链纵深发展的风险提出了更高的要求。全产业链在考验企业纵深方向的控制力,而境外经贸产业园区作为运营平台则考验企业在横向上对各类资源、产品的协调与平衡。农业境外园区作为农业产业合作新的运作模式和经营平台,其主动对接农业产业链,实现双方农业产业投资从环节输出向链条输出的转变,使得农业产业运作内在关系更为契合与有机,从而放大产业链条效应;园区产业引导与集聚极容易构建良好的产业配套环境,使得核心产业与配套产业、产业主环节与次环节形成快速、密切衔接和低成本运作,有利于形成一体化联系和协同化经营,有效发挥伙伴关系和国家间邻里效应,增强同舟共济、抱团应对的整体作战能力。

企业无论是"引进来"还是"走出去",单打独斗都会面临较大的市场风险,尤其是对"一带一路"沿线国家的境外投资,由于国情和经济发展层次不同,市场、政策、民俗、宗教等方面的差异较大,投资风险尤为严峻,而农业境外园区作为农业产业合作新的运作模式和经营平台,是以土地成片开发、产业与企业集中而居为基本特征的,因而有利于形成一体化联系和协同化经营,有效发挥伙伴关系和邻里效应,增强同舟共济、抱团应对的整体作战能力,有利于降低企业风险系数,消除企业投资顾虑。

聚龙集团在印尼棕榈种植园的成功,是中国企业全面进入棕榈油这一世界最大的食用油产业领域的重要标志,不仅为我国油脂企业向海外发展建设油料作物种植园积淀了宝贵的经验,也为我国民营企业的自主发展探索出了一条新路径。

五、中国企业境外农业经贸合作区全产业链投资的主要挑战

由于境外农业经贸合作区建设模式存在建设理念及认知、政府与市场作用边界、资本合作方式及盈利模式存在显著不同,且大多属于绿地投资,投资期限长且回报率低,存在较大的政治经济等外部风险。同时,较多民营企业由于战略定位与实际发展之间存在差异,会面临资金、人才和管理方面的诸多挑战,另外,由于很多国家相继出台投资审查,会增加企业对外投资的交易和合规成本。

(一) 政治及政策风险

目前阶段,中国农业对外投资大多集中在欠发达地区,政策多变且金融、法制体系不健全。聚龙集团投资印度尼西亚虽然近阶段比较政局稳定,但仍处于政治转型期,政坛错综复杂。中方人员办理印度尼西亚工作签证手续繁杂、费用高、耗时长,同时对外投资可能随时会受到限制,聚龙集团曾考虑扩大在印度尼西亚种植园面积,但是印度尼西亚出台相关规定,开始禁止外资购买印度尼西亚耕地,导致企业丧失在当地扩大经营规模机遇而被迫改为在马来西亚和非洲投资。民营企业往往会缺乏对政治与政策风险的防范意识,也缺乏相应的信息渠道。

(二) 经济风险

全产业链投资涉及产业链条长、投资周期长、且相关行业多,投资者往往面临较大的经济风险。根据《中国"一带一路"境外经贸合作区助力可持续发展报告(2019)》显示,目前只有12%境外经贸合作园区有丰厚的利润,33%获得一定利

润,其他大多数运营 10 年仍然处于亏损局面。包括印度尼西亚在内的东道国在经济政策上的低效率和低信用,且长期经济增长缓慢直接导致市场机制难以发挥、较高失业率以及人民生活水平低下。汇率的频繁变动与外汇管制在很大程度上也成为外来投资企业的潜在阻碍,2015 年 7 月印度尼西亚实行的本币结算使得已签订合同的中资企业遭遇汇率变动的巨大损失。

(三)融资困难

目前,多数民营企业在境外投资农业所需资金大部分依靠企业自筹,从其他融资渠道来看,银行贷款成为最主要但方式单一的融资模式,而在现有的贷款政策下,企业很难将海外资产抵押出去,很难获得政策性银行融资,且融资成本明显提高。聚龙集团在印度尼西亚棕榈种植业收益在第四年才会出现,而前期均为约5 000 万美元(压榨厂除外)的纯成本投资,金额占到总开发投入的 80%,往往商业银行贷款也是杯水车薪,更多需要国家开发银行、进出口等政策性银行参与提供长期优惠贷款。

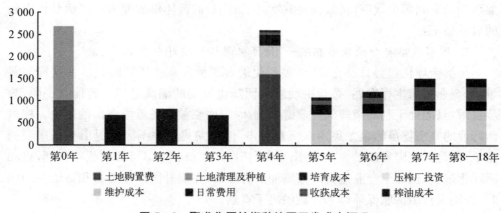

彩图

图 5-3 聚龙集团棕榈种植园开发成本概况

(四)经营风险

在棕榈油产业链上的纵向延伸,企业不仅投入有形资源,以及诸如管理经验、企业文化、知识产权、技术研发等不可复制或模仿的无形资源,而且还要面对境外完全不同的商务环境。同时,全产业链模式降低企业资金灵活性,使企业面临更高的投资风险与沉没成本,集团全产业链发展过程中以内部发展或重组方式扩展企业经营范围,但也需要企业较高资本投入并带来的资金流动性风险。此外,聚龙集团全产业链经营虽扩大企业经营范围,提高了市场占有率,但复杂的内部结构一定程度上降低了企业应对风险的灵活性,且产业链中一旦出现某一环节的系统性风险,可能面对的是上下游产业链整体经营业绩的下跌。

境外投资企业还面临文化宗教、管理方式、生活习俗差异与熟练工人匮乏等实际困难,通过加强融合提升本土化经营管理能力也是全产业链投资面临的重要制约因素。

六、案例分析

天津聚龙集团建设境外产业合作区全产业链,获取上游农业资源的新投资模式,能够有效解决我国人地矛盾的困境,形成规模效益来降低投资成本,加强产业联动形成集群以提高整体抗风险的能力。全产业链在考验企业纵深方向的控制力,而境外经贸产业园区作为运营平台则考验企业在横向上对各类资源、产品的协调与平衡。农业境外园区作为农业产业合作新的运作模式和经营平台,其主动对接农业产业链,实现双方农业产业投资从环节输出向链条输出的转变,使得农业产业运作内在关系更为契合与有机,从而放大产业链条效应。园区产业引导与集聚极容易构建良好的产业配套环境,使得核心产业与配套产业、产业主环节与次环节形成快速、密切衔接和低成本运作,有利于形成一体化联系和写作,有效发挥伙伴关系和国家间邻里效应,增强同舟共济、抱团应对的整体作战能力。案例分析得到的启示如下:

1. 国家战略与企业战略相统一,抢抓机遇构建境外全产业链

经济全球化趋势日益显著,众多产业进入了世界寡头垄断时代。在这样的背景下,企业要想生存发展,必须主动融入国际化发展的潮流之中。若偏安一隅,故步自封,只能处于利润微薄的产业链低端,时刻面临被市场竞争淘汰的风险。棕榈油行业的高市场虽给聚龙集团以沉重打击,但聚龙集团并不因此退出寡头垄断的竞争,而是抓住国家鼓励企业"走出去"开拓国际市场和全球资源的战略机遇,启动国际化进程,构建全产业链打入棕榈油上游环节,在提升国际竞争力和话语权的同时,为国家食用油脂保障体系建设做出了贡献。

2. 以产业联动和资本运作抵抗风险,以本土化带动国际化谋求长远发展

企业对外投资时,应注重产业联动的效应。聚龙集团以境外合作园区的方式构建全产业链,通过"海外农业开发商"模式,在各个环节引入企业实现了轻资产,同时为各企业提供差异化服务,降低了各企业投资的风险,加深了各环节的专业化程度,这样的模式充分利用了产业联动,提高了企业抗风险能力,形成了良好的集群效益。

企业在对外投资时,应加强产业和资本的融合,注重风险意识。企业应充分理解和运用国际大宗商品期货市场规则进行套期保值,在油料种植、油料贸易、生产加工、泊脂贸易各个环节与期货市场相衔接,利用各种金融衍生品、金融工具,放大其控制效应,最大程度上实现风险与收益的完美结合。同时应建设风险管理团队、风险管理机制、风险管理策略,以保证可持续发展。

企业对外投资时,应注重本地化,遵守东道国的法律、政策和商业运营规则,同时尊重当地人民的文化价值观,注重本土的资源发展,维护良好的海外投资商形象以互利共赢谋求长远发展。企业对外投资时,应提升内部管理与生产水平。海外投资的环境复杂,市场波动极大,全产业链构建也考验着企业的内部管控能力。聚龙集团建立的人才培养制度、独立结算的管控模式以及风险管控的意识都值得对外直接投资企业的借鉴。聚龙集团依靠"工业化"提高效率,能有效带来规模经济效益,将"工业化"的理念引入农业生产之中,产业园区的模式提供了产业联动的最佳环境,进一步提高了园区信息化与数字化管理水平。

3. 从国家层面完善农业对外投资的政策支持与服务体系

海外农业项目建设所需的投资大、回报周期长,企业尤其是民营企业面临严重的资金周转压力。国家应设立规范的标准体系对境外融资项目进行分类,联合国家开发银行、进出口银行等机构对一部分企业提供以境外资产为担保的贷款,使企业更灵活地盘活资金,促进企业境外投资的稳健发展。农业农村部可以联合商务部等部委,协调国家开发银行、进出口银行、民生银行等金融机构,中民投、亚投行、丝路基金等投资机构,以农业农村部重点推荐"走出去"企业或项目的方式,推动相关金融机构向早期农业"走出去"企业与早期收获项目提供基础设施及项目贷款、产业基金、夹层贷款等多种资金支持。同时,国家应该积极宣传"走出去"相关的金融支持政策,使更多企业能够更好地利用现行的支持政策和国内的资金优势。政府应加大对企业在"走出去"过程中的政策扶持,支持企业进行海外兼并重组、品牌并购,鼓励企业参与全球化竞争,但需要"扩大农业政策性保险",需要加快政策性农业保险立法步伐、扩大保险补贴范围,并提高财政补贴标准。

我国应完善国家层面上对外直接投资的风险评估体系和相应的风险保障制度,积极利用外交手段与具有投资潜力的国家和地区建立相关战略合作。有了国家层面的合作基础,企业便能更好地同本境外政府谈判以获得更加有利的政策支持。帮助"走出去"的企业得到当地政府的更多政策支持,可以极大地降低企业"走出去"的政治经济风险。另一方面,目前我国农业对外投资的重点仍然是一些欠发达地区,前期对于基础建设的投入十分大,国家若能战略性地将海外援助项目和企业对外投资相结合,对投资地区进行基础建设的援助,将有利于长期的投资合作,也将减少企业投融资的负担。同时政府应在行政服务上提供更多的便利,简化政府审批的流程,提高效率,真正地服务于对外投资企业。"一带一路"倡议是民营企业加速发展的良好契机,将为企业加速在沿线国家进行产业布局、市场拓展、文化交流、互惠双赢创造良好机会。

案例六　杠杆与发展,如何抉择
——融创公司

学习目标

1. 了解高周转模式的利弊。
2. 理解企业发展中"快"与"稳"的平衡。
3. 理解房地产企业如何确定合理的杠杆率区间。
4. 理解企业风险控制的重要性。

课前思考

1. 房地产企业的发展前景如何?
2. 高周转模式对企业有何利弊?
3. 如何看待房地产企业的高周转模式?
4. 如何平衡企业发展中的"快"与"稳"?
5. 如何寻求房地产企业发展中的合理杠杆率区间?

案例正文

一、背景

(一) 近十年房地产行业宏观经济背景

自 2004 年以来,国家多次出台了房地产宏观调控的政策,虽然在一定程度上推动了房地产行业的健康发展,但是房价过高、住房供给结构不合理、低收入人群购房难等问题依然十分突出。十多年来,我国房地产调控政策的独立性、持续性不强，房地产调控的主要形式是政策、通知等，缺乏相应的法规；由于对保有环节的控制不够重视，导致房地产调控陷入了"保增长"和"降房价"相互矛盾的尴尬局面。

2008年9月，由于美国金融危机，中国的外汇储备大幅缩水，在海外的金融和实物资产遭受了巨额的损失，出口大幅下滑，外资的出逃速度加快，国内经济出现了衰退。房地产业也未能幸免于这场金融风暴。整个房地产业的盈利呈现出一种"抛物线"的形状，很多中介机构在房地产的二级市场上都已经关门歇业。与地产相关的股价亦大幅下滑，整体楼市表现低迷，凸显了2008年楼市的严峻。为了救市，2009年1月3日，中国四大国有银行宣布，只要2008年10月27日前执行基准利率0.85倍优惠、无不良信用记录的优质客户，原则上都可以申请七折优惠利率。同年5月27日，国务院发布的《关于调整固定资产投资项目资本金比例的通知》中明确，保障性住房和普通商品住房项目的最低资本金比例为20%，这是自2004年以来执行35%自有资本金贷款比例后的首次下调。宽松的房地产信贷政策有力地促进了2009年楼市消费的增长。2009年上半年全国金融机构个人住房贷款新增量达到4 661.76亿元，同比增幅超过150%，房屋销售量实现了大幅增长，导致房价大幅度增长。2010年1月10日发布《关于促进房地产市场平稳健康发展的通知》，4月17日，国务院发布《关于坚决遏制部分城市房价过快上涨的通知》，9月29日，《关于完善差别化住房信贷政策有关问题的通知》，调控房地产业。自此，房地产市场出现了萎缩，进入了调整期，销售增长率出现负增长。2014年9月30日，中国人民银行、银监会联合出台《关于进一步做好住房金融服务工作的通知》，放松了与自住需求密切相关的房贷政策，并鼓励银行通过发行MBS和期限较长的专项金融债券等筹集资金以增加贷款投放。

2008年，房地产业在国内生产总值（GDP）中的份额不足5%，到2021年达到6.8%（其中2020年达到7.3%），成为仅次于制造业、批发和零售业、金融业、建筑业的第5大行业，已经成为支柱产业。根据国家统计局公布的2021年全国房地产开发投资数据显示，全国房地产开发投资147 602亿元，比上年增长4.4%；全国商品房销售额再创新高，达181 930亿元，增长4.8%。这也是自2015年以来，全国商品房销售额连续7年增长。2022年一季度，中国的房地产增加值为18 930亿元人民币，同比下降了2%。

（二）房地产企业三条红线

2020年8月20日，央行和住建部针对房地产行业，提出了"三道红线"规定，其目的是控制房企的杠杆率，实质是控制房企的负债及负债增速。

针对房地产企业的"三条红线"政策的具体内容为：

剔除预收款的资产负债率不超过70%，剔除预收款后的资产负债率＝（总负债－预收款）/（总资产－预收款）；

净负债率小于100%,净负债率＝(有息负债－货币资金)/净资产;

现金短债比不小于1,现金短债比＝货币资金/短期有息债务。

这项融资监管规定的核心是控制房地产企业有息负债规模的增长速度,通过企业自身财务指标的情况,即"三条红线"触线情况,对房企按"红、橙、黄、绿"四个等级进行管理,每个等级设定不同的有息负债规模增长速度的限制,每降低一级,上限增加5%。具体而言,若以上三项指标全部不达标,则为红档,不得再增加该企业的有息负债;若指标中两项不达标,则为橙档,该企业有息负债规模的年增长速度必须小于5%;若只有一项不达标,则为黄档,有息负债规模年增长速度可放宽至10%;如果全部指标都符合监管机构的要求,则有息负债规模年增长速度可调整到15%。

参考政策发布前2020年中期的多家房企财务指标情况,在我国前50强企业中,有10家房企等级为红档,10家房企等级为橙档,24家房企等级为黄档,6家房企等级为绿档,绿档的房企基本集中在前20强。

根据2020年中报,融创按剔除预收款后的资产负债率为82.22%、净负债率为149%、现金短债比为0.61,"三条红线"全中,为"红档"房企,不能新增有息负债。这对高杠杆高周转的融创而言,同时遇到新冠肺炎疫情,经济增长乏力,房子不好卖时,这就是致命一击。

二、融创公司简介

融创中国控股有限公司(以下简称"融创"),是一家于香港联交所上市的专业从事住宅及商业地产综合开发的企业,公司成立于2003年,以"至臻·致远"为品牌理念,致力于通过高品质的产品与服务,整合优质资源,为中国家庭提供美好生活场景与服务,成为中国"美好城市共建者"。

2020年融创列中国500强第66名,中国房地产百强第5名,中国房地产前十以及中国房企超级产品力第1名。2021年融创位列世界500强中第364名,中国500强第50名。

在对高周转增长模式的独特理解下,融创近年来快速扩张拿地和疯狂并购。融创为增强自身实力和加快转型升级,大举向商业地产、文旅、健康和农业进军。先后收购绿城、联想地产,万达文旅以及多个公司的项目,控股了链家、乐视、环球世纪等公司。在扩张买地上,融创也表现得毫不逊色。在拿地面积与金额上,融创常年稳居高位。

融创一直秉承高杠杆的发展战略,融创在行业主要竞争者中拥有最高的杠杆率。从2021年下半年开始,随着地产行业市场和政策的收紧,融创的债务危机已开始显现,2022年5月最终没能逃过"暴雷"的宿命。

融创连续14年上榜中国房地产百强企业,却在不到1年的时间内就走向了债务违约的境地。融不仅债务违约，股票停牌，年报难产，更是传出了清盘呈请的消息。2022年9月7日，香港司法机构网站公告显示，一位名为陈淮军的人，已经在香港高等法院向融创中国提出清盘呈请，案件编号为 HCCW 319/2022，聆讯时间定于2022年11月16日上午9:30。

促使融创失败的原因既有客观因素，又有主观因素，而关键因素还是其高周转高杠杆的高风险经营模式，这种模式要求不仅房子好卖，企业现金流动性好，同时还要求企业融资难度小，在资金链出现风险时，能够融到渡过险关的资金。如果这两个条件同时消失，对公司而言就是毁灭性的打击。融创的失败恰恰是由其高风险管理经营模式所致。

三、融创历史沿革

（一）发展过程

在十多年的时间里，融创从一个新成立的公司到如今成为地产行业的头部企业之一，其中的传奇故事值得为人称道。

融创董事会主席——孙宏斌，在2003年建立融创，在当时的取消价格管制等政策红利下，以及加上孙宏斌对高周转增长模式的独特理解下，融创很快就突出重围，快速成为中国房地产企业的领军企业之一。孙宏斌因此也成为胡润富豪榜第20名。

2003年，融创成立，以天津为基地开始操作高端物业项目——包括融创奥城、融创海逸长洲及融创上谷商业中心项目。

2007年，融创获得了国际投资，国际战略投资者雷曼、鼎晖及新天域成为融创股东，获得北京第一个项目，"中国式美好——禧福汇"，开始深耕北京，进驻苏南，以无锡为中心运作苏州、宜兴项目。

2008年，开发运作第一个融创"壹号院系"产品——北京西山壹号院。

2009年，贝恩与德意志银行从雷曼兄弟手中收购了融创的股份，成为融创股东。

2010年，成功在香港联交所上市，国际资本开始在融创中流通。

2012年，进驻上海，开始深耕以上海为中心的长三角区域，进驻杭州，开始深耕以杭州为中心的东南区域，形成"京、津、沪、渝、杭"五大核心城市的战略布局。

2013年，融创成立十周年，提出"品质点亮价值"，坚持高端精品战略，获取并开始操作融创 TOP 系产品——北京壹号院，启动融创"创想家"战略性人才储备计划。

2014年，融创首次跻身全国房地产销售排行榜前十。

融创的地产从天津到遍布全国各地，其快速地成长引发行业侧目。融创凭借低负债率和稀缺的土地资源在全国开发了上百个项目，营收一路高歌猛进，市值也蒸蒸日上。

（二）快速扩张期

在 2014 年 9 月 30 日《关于进一步做好住房金融服务工作的通知》出台之后，中国的房地产市场逐步回暖。一线城市在政策出台一个季度后，楼市开始升温，二线城市在近一年后才开始回暖，至此，中国房地产市场走上了快车道，房价不断上涨，直到后来各地不断出台各种限购政策控制房价。在政策与新冠肺炎疫情的叠加作用下，2022 年，中国的房地产市场开始进入负增长阶段。融创随着中国房地产市场的快速升温而进入高周转快速扩张发展模式，而最终止于高杠杆的高风险模式。

2013 年，融创实现营业收入达 308 亿元，同比增长 48%；合同销售额 547 亿元，比 2012 年增加 48%，从 2010 年销售额 86 亿元的小公司逼近国内房企排名前十。现金以及等价物余额为 160 亿元，同比增 30.5%，净负债率为 69.7%，同比下跌 12%。2013 年融创在 5 个区域（京津沪渝杭）获取了 19 幅土地，增加土地储备 957 万平方米，其中权益土地储备 545 万平方米，当年总体拿地支付约 150 亿元左右。虽然 2014 年融创的"保守"目标是 650 亿元，创始人孙宏斌表示会对土地市场保持比较谨慎的态度，他说："融创净资产只有 200 亿元，至少在这个阶段，融创要快速发展，只能把负债率控制在资本市场认为的合理的范围内，做好对现金流的控制。"

2014 年，在全国房地产市场萎缩、大多数公司无法达成年度销售目标的背景下，融创现收入总额为 250.72 亿元，较上年同期下降 19%，约 57 亿元；但是合同销售金额达到人民币 658.47 亿元，同比增长约 29.6%，行业排名提升至第十名。实现核心净利润 37.3 亿元，同比增长 5.9%。在保证现金流安全和负债率可控的情况下，融创不仅营收规模下降，拿地也更为谨慎，新增土地储备约 349 万平方米，比 2014 年少 608 万平方米，土地储备达到 2 162 万平方米，权益土地储备共计约 1 280 万平方米。在优化融资结构和谨慎财务风险控管理下，现金及现金等价物（包括受限制现金）较 2013 年同期上涨约 56.4% 至 250.41 亿元，净负债比率仅为 44.5%。随着杠杆率的下降，营收规模也在下降，但是资产负债率处于比较安全的区间，属于优等生。

2015 年融创的收入总额为 230.1 亿元，同比下降 8.2%，约 20 亿元。合同销售金额达到 682.1 亿元，同比微增 3.6%。2015 年融创加快了拿地步伐，在并购市场发起多笔收购，并布局二线城市，全年拿得土地 27 幅，增加土地储备 1 015 万平方米，比 2014 年增加 666 万平方米，增幅达到 191%，土地储备达到 2 720 万平方米，比上年增加 558 万平方米，增幅 26%，权益土地储备共计约 1 805 万平方米。随着土地储备的大幅增加，净资产负债率也随之提高。融创现金及现金等价物（包括受限制现金)同比增加 8.1%,至 270.58 亿元,净负债率为 75.9%,比 2014 年增加 31.4 个百分点。而此时的净资产负债率仍远低于始于 2020 年的"三条红线"中的标准,由于规模下降,融创提出了将在 2016 年启动扩张战略。

2016 年融创合同销售金额为 1 506.27 亿元,行业排名上升至第 7 名。总营收为 353.43 亿,同比上涨 53.6%。然而融创不满足于这个规模,继续急速增加的土地储备。截至 2016 年底,融创在 44 个城市中的总土地储备面积为 7 291 万平方米,而 2015 年仅为 2 720 万平方米,土地储备面积增幅达 168.05%,增速位列大型房企前茅。土地购置上的各种投入超过 1 000 亿元,2015 年这一数字仅为约 300 亿元。加上银行贷款、公司债券、发行优先票据等,融创借贷总额为 1 128.44 亿元;2015 年同期这一数字还仅为 417.98 亿元,借贷总额大增了 169.97%。净负债率达到 121.5%,比 2015 年上涨了 45.6 个百分点。负债的快速上升,侵蚀了当年的利润。年利息支出高达 41.61 亿元,远高于 2015 年的 29.08 亿元,因此也净利润只有 24.78 亿元,同比下跌 24.85%。面对融创的高负债,2017 年 1 月中旬,穆迪曾发布报告,将融创的评级展望由稳定降至负面,然而这并没有阻止融创继续扩张的脚步。

2017 年融创实现营业收入 658.7 亿元,同比增长 86.4%。毛利 136.3 亿元,同比增长 181.1%;实现合同销售金额 3 620.1 亿元,比 2016 年的 1 506 亿元大增 140.3%,2017 年之后继续秉承扩张战略,新增土地储备约 6 764 万平方米,除了大规模拿地外,融创还在大量地投资和收购。2017 年 1 月,融创以 26 亿的价格认购北京链家 6.25% 的股权,对乐视投资 150.41 亿元,以 57.23 亿元收购金科股份 23.15% 的股份。由于投资乐视失败,年末一次计提相关损失 165.6 亿元。2017 年底融创总资产达到 6 231 亿元,而负债也大幅度增加,达到 5 625 亿元,资产负债率高达 90.27%,净负债率为 202%,这意味着楼市稍有降温,现金流稍有不畅,公司就将面临债务违约的风险。高周转带来规模快速增长,而同时也带来的负债规模的进一步扩大,已经将公司置于高风险境地。

2018 年,融创实现收入 1 247.5 亿元,同比增长 89.4%;实现合同销售额 4 608 亿元,同比增长 27%,超额完成了 4 500 亿元的销售目标,行业排名第四,近三年合同销售额复合增长率高达 75%,2017 年的高杠杆,带来了 2018 年规模的快速增长。2018 年,融创控制了拿地节奏,新增土地储备约 4 820 万平方米,比 2016 年少 1 944 万平方米,总土地储备约 2.56 亿平方米。在业绩快速增长的同时,融创的净负债率水平也在稳步下降。2018 年底的净负债率为 149%,同比大幅下降了 53 个百分点,在手现金高达 1 202 亿元,同比增长 24%。保持了充裕的流动性;同时,总资产达到 7 166.6 亿元,同比增长 15%,总负债 6 435.53 亿元,资产负债率为 89.8%,同比略有下降,降杠杆取得一定成效,财务状况和资本结构更趋良性发展。UBS(瑞银)、摩根士丹利等国际知名大行纷纷对融创发布"首选买入"评级。

2019 年度, 融创实现收入 1 693 亿元, 同比增长 35.7%。2015 年, 公司收入仅为 230 亿元, 公司收入复合年增长率超 45%, 通过高周转模式实现超高速发展, 短短 5 年, 融创一跃成为业内的龙头企业。2019 年, 在史上最严限购政策影响下, 融创的销售收入依然快速增长了 20.7%, 实现合同销售金额 5 562 亿元, 稳居行业第四名的地位。在销售增长的同时, 融创的盈利水平也创出新高, 全年实现归属于母公司的净利润 260.3 亿元, 达到了历史最高水平。2015 年初股价为 6 元左右, 到了 2019 年 12 月 31 日收盘时, 股价已经达到 46.55 港元, 约 41 元, 每股分红由 2015 年的 0.194 元持续上升到 2019 年的 1.232 元。

2019 年, 融创多次进行大宗并购, 新增土地储备 6 800 万平方米, 较上年增长 40.96%, 总土地储备为 2.34 亿平方米, 权益土地储备为 1.5 亿平方米。虽然连续降债, 融创依然是高杠杆运行。截至 2019 年底, 融创负债总额 7 931.52 亿元, 资产负债率高达 88.12%; 净资产 1 241.4 亿元, 净负债率接近 140%, 比 2018 年降低了 9 个百分点; 2017 年 9 月 1 日, 在香港召开当年度中期业绩会上, 融创总裁汪孟德表示, 到 2018 年, 融创负债率目标降至 80%, 2019 年则希望资产负债率和净负债率都下降至 70%, 现实显而易见与目标相去甚远。更令人不安的是, 2019 年底融创的 1 188.63 亿元货币资金中, 受限货币资金 446.86 亿元, 现金只有 741.77 亿元; 难以覆盖 1 360 亿元短期债务, 抑或一年内待偿的 1 207 亿元有息负债, 卖房所产生的现金流, 将成为融创维持资金运转的重要来源。而作为融创的主营业务, 地产经营活动产生的现金流量净额逐年走弱, 2017 年至 2019 年, 所产生的经营活动现金流量净额分别为 895 亿元、414 亿元以及 342.9 亿元, 相比 2017 年已然腰斩过半, 可以预见融创的资金链将非常紧张。在融创公布了 2019 年财报后, 有人就质疑融创高周转模式的可持续性, 认为已经有点强弩之末了。

2020 年全年, 融创实现营业收入 2 305.9 亿元, 同比增长 36.2%; 归母公司净利润 356.4 亿元, 同比增长 36.9%; 每股盈利 7.82 元, 同比增长 30.6%; 预计每股分红 1.65 元, 同比增长 33.9%; 合同销售金额 5 753 亿元, 行业排名稳居第四。2020 年融创新增土地储备达到了 5 877 万平方米, 土地总储备达到了 2.58 亿平方米。上述指标均再次刷新历史新高在经营业绩稳健增长的同时, 融创资本结构持续优化。截至 2020 年底, 融创净负债率 96%, 非受限现金短债比 1.08, 剔除预收款项后的资产负债率为 78.3%, 较去年年底下降约 5.6 个百分点。按照"三道红线"融资调控标准, 融创净负债率与非受限现金短债比已达标, 快速降至"黄档"。截至 2020 年底, 融创在手现金 1 326 亿元, 超额覆盖短期债务, 流动性充裕。

2021 年半年报显示, 融创上半年实现营业收入 958.2 亿元, 同比增长 23.9%; 归母净利润 119.9 亿元, 同比增长 9.4%; 公司实现销售额 3 208 亿元, 同比增长约 64%。融创总资产为 12 054.53 亿元, 总负债为 9 971.22 亿元, 资产负债率 82.72%, 比 2020 年末下降了 1.24%。从"三条红线"要求看, 截至 2021 年 6 月末,融创净负债率约86.6%，非受限现金短债比约为1.11，剔除预收账款后的资产负债率约为76.0%。3条红线中，融创勉强达标了两条，但剔除预收账款后的资产负债率仍然踩"红线"。至此，融创达到了巅峰，此后便风光不再，在3条红线的约束下，融资难，在疫情影响下，销售难，二者叠加，巨额债务压得融创只有"出气"，没有"进气"，债务违约暴雷已经在所难免。

众多项目的资金来源大多是借款而来，导致企业的资产负债率较高。但此时的融创依旧风头正劲，并且坐稳了行业第一梯队的位置。与此同时，围绕房地产做其他业态布局，但房地产还是占据企业的行业大头，其他行业属于重资产长周期项目，短期内难以扛起融创营收的大旗，还需要漫长发展。

（三）高杠杆下危机四伏

巨资并购、快速拿地、快速开发的融创模式同时带来高杠杆、高负债的隐患。近些年来房地产行业的监管调控持续收紧，房企负债率、拿地金额等都进入了监管体系，这就导致房地产商的资金问题越发困难。在去杠杆、去库存的大背景下，伴随着房地产三条红线政策的出台，房地产行业进入了寒冬，销售额开始急剧下降。其中，三条红线全踩的融创面临着尤为严重的资金链风险问题。

融创不仅是在销售市场难以为继，在资本市场，融创也屡屡受挫。作为内地公司在香港上市的企业，既然需要接受监管机构的监管。不论是资本市场的融资行为还是正常的经济业务的开展等经济行为需满足境内的相关政策要求。港股相较来说融资的灵活性较差，在募集资金上也会受到内地的外汇管制条例。与此同时，从2020年以来，融创股价一路走低，从年初近50港元的高位算起，目前公司股价跌幅已经超过90%，2022年10月15日收盘价仅有4.58港元，市值仅有249.56亿港元。

除了资本越发认清地产行业的现状和未来，归根结底还在于融创自身的风险。2018年融创总负债金额达到6 435.53亿元，负债率89.80%，居行业第一。

2019年，融创总负债7 931.52亿元，负债率超过90%。

2021年，负债率达82%，虽然负债率有所回落，但还是高居不下。

2020年末负债9 305亿元，2021年上半年负债总额达到9 971.22亿元，半年的时间里，负债增加了666亿元的负债，已直逼万亿元大关。融创2021年经审核全年业绩至今尚未披露。

截至2022年8月底，集团累计实现合同销售金额约人民币1 346亿元，同比下降约67.57%。

2015的融创，其总负债还只有960亿元，而在不到6年的时间里，融创的负债规模扩大了10倍多。这意味着仅是融创的短期债务和隐性债务加总，就超过了账面上的可用现金流，资金问题已经是迫在眉睫。融创面临着严峻的去杠杆挑战，除了较高的资产负债率,融创的资本结构也极其不合理。不合理的资本结构降低了企业的偿债能力,造成一种恶性循环,加重企业的资金链压力。

(四)债务违约

2021年上半年还在继续大幅度拿地的融创,在下半年一改常态,不仅停止拿地,还开始出售资产,以各种方式密集回笼资金。融创在2021年6月1日至2021年12月7日期间逐步出售4535.2万股贝壳美国存托股票,回笼资金约为10.84亿美元(约69亿元人民币);2021年9月,支付1.3亿赔偿金提前终止与万达酒店的合约;11月份将杭州项目公司转让,回笼资金16亿多元;12月下旬,出售上海虹桥商务区写字楼、杭州核心地段酒店及写字楼等项目,回笼资金26.8亿元;还通过董事个人借款以及公开市场募资等方式,筹资90亿元,共计回笼资金约400亿元,确保了融创在2021年没有爆雷。

根据融创发布的公告,2022年1月13日,拟折价约15.3%,配售4.52亿股配售股份,融资45.2亿港元,流动性的紧张可见一斑。

2022年2月14日,第三方机构穆迪将融创的公司家族评级从"Ba3"下调至"B1",此外,高级无抵押评级从B1下调至B2,评级展望从"稳定"调整为"负面"。

融创公布的数据显示,2022年1—5月,合同销售金额分别约为987.8亿元,同比减少59.16%;128.5亿元,同比减少81.85%。

2022年5月12日,融创发布公告称,公司4月陆续到期的4笔美元债利息,无法在30日宽限期内偿还。4笔美元债到期应付利息合计约1.05亿美元(约合7.13亿元人民币),融创官宣债务爆雷。

对于整个融创来说,自救还任重道远,融创在公告中表示计划年底前公布债务重组方案,这家房地产巨头还要继续等待。

四、案例分析

(一)高周转和高杠杆模式——刀尖上跳舞

做生意是需要本钱的,买地盖楼更需要大量资金。那么,钱从哪里来?融创董事会主席孙宏斌可谓玩转了"高杠杆和高周转"两大法宝:钱不够就去银行借,然后快速拿地开盘预售,再拿购房人的钱盖楼,总之就是要用最少的钱"撬动"最多的土地资源,从而实现跨越式发展,而那时候的钱好借,楼也好卖。"高杠杆和高周转"这种模式要持续运作,取决于诸多理想化的假设条件:第一钱要好借;第二楼要好卖。但凡任一环节出现问题,在缺乏销售回款或者借新还旧的情况下,巨额的债务和项目建设资金需求,将会快速吸干账上现金。这种情况下,账上即使是千亿巨资在手,也仅仅是看上去很美而已。在目前的行业状况下,高房价导致人们买不起房,房并不好卖;疫情导致中国的经济发展情形不太乐观,借贷政策也紧缩,钱也不好借。所以,融创这个地产帝国的账面,尽管到了 2021 年底仍然是看似非常"有钱",有 1 600 多亿元现金、1.2 万亿元资产,但现金流却是高度脆弱的,仅仅过了 5 个来月,却突然连 7 个多亿的利息都付不起了。

从融创扩展到中国房地产行业,分析中国房地产企业目前暴雷的这么多,烂尾楼这么多,归根到底都是高杠杆和高周模式转惹的祸,采用这样的模式就相当于在刀尖上跳舞,让自己处于随时会"死亡"的境地。

(二) 去杠杆刻不容缓

连续多年大规模的收并购,导致融创的高负债经营如同是在站在刀尖上跳舞,企业常年在高杠杆下运行,明显不是长久之计。融创的净负债率在近两年快速飙升,这主要是由于近年来融创并购动作频频,而企业资金来源多数为银行借款,发行企业债券以及信托资金等,增大了企业的杠杆率。净负债率较为直观地显示出融创的负债水平和偿债能力,而在目前融资端趋紧、销售端受限的市场现状下,净负债率更加成为企业资金链安全的关键指标。

统计显示,大型龙头房企的资金状况更加稳健,万科净负债率仅为 19.6%,保利地产为 86.6%,招商蛇口与金地集团分别为 40.3% 和 40.6%。相对于这些龙头房企,融创的净负债率实在太高,过高的净负债率会影响企业的再融资能力,也增大了企业的支付风险,加剧了融创的资金链风险,并且在如今地产行业的市场和政策要素都在收紧的情势下,去杠杆的措施就显得尤为重要。

总的来说,有五种可以去杠杆的方法。

(1) 提高盈利水平。不断增加企业效益才能更好地去杠杆,企业的盈利效应有所提升,才能有更加稳定的现金流偿还企业债务。

(2) 提倡兼并重组。兼并重组能重新整合各个企业的资源,有利于转型升级,提高资源的使用效率,有力地推动行业发展。

(3) 提高股权融资比例。采用股权融资,可以优化企业资本结构,促进企业提升自身的治理水平和管理能力,将杠杆率维持在合理区间。

(4) 债务重组。债务重组主要是为企业免除或者减少部分债务,使得还款周期得到延长,这种方式能让企业缓解部分债务压力,减轻财务困境,化解债务危机。

(5) 企业积极偿还债务。最基础的方式就是偿还债务,当企业债务过高,产能过剩时就应该尝试降低负债率,积极偿还债务。

(三) "快"与"稳"的平衡点——寻找合理的杠杆率区间

融创作为行业的领头羊,高速扩张的同时也需警惕债务偿还高峰期时给企业带来的资金压力。企业长期处于高负债率,必然会出现极其危险信号。快速扩张市场版图和大笔收并购,对公司的现金流势必造成强大经营压力和市场的考验。近几年来,房地产暴雷案例不在少数,所以企业如何权衡公司发展与负债之间关系,显得尤为重要?

根据权衡理论,公司应当权衡负债的利弊,从而决定债务融资与权益融资的比例。负债的好处包括节省税收,减少企业的自由现金流量,从而减少低效或非盈利项目的投资等。负债的成本指财务困境成本,包括破产危险的直接成本、间接成本和权益的代理成本等。因此,现实中企业的最优资本结构是使债务资本的边际成本和边际收益相等时的比例。

将危机成本与代理成本二者综合考虑进去企业负债占比上升时,财务困境的边际成本也会提高,这一过程中税盾效应(税收节省)产生的边际收益会递减。当杠杆高到一定程度时,营业收益将会低于资本成本,使企业面临破产危机。权衡理论要求筹资时不仅考虑间接融资是否方便快捷,还要考虑到自身的财务风险,在风险可控的前提下开展融资。

根据财务理论及历史经验,一般而言,资产负债率在 60%～70% 区间的房地产企业有较高的净资产收益率水平,若进一步提高杠杆率,会对收益率带来非常显著的抑制效果,所以融创可以据此来寻找有利于企业发展的合理的杠杆率区间,增强风险意识,挽救自己当前面临的危险境地。

(四) 结束语

融创遭遇困境,不知能否重生,但我们需要从中找到经验和教训,第一,风险意识要加强,特别是在顺境下也要做好风险管控;第二,时刻关注好行业动态,做到居安思危,这样企业才能健康长久地发展;第三,在去杠杆的大环境下,把控资金链风险,针对三个环节做好相应的战略措施。

五、附录

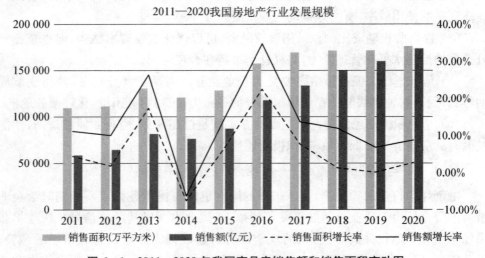

图 6-1　2011—2020 年我国商品房销售额和销售面积变动图

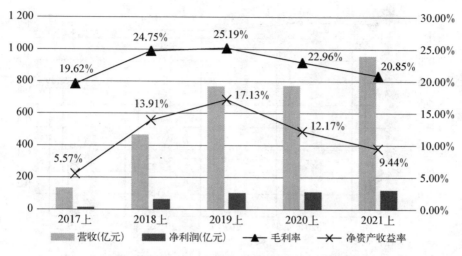

图6-2 融创营收、净利润及毛利率和净资产收益率对比

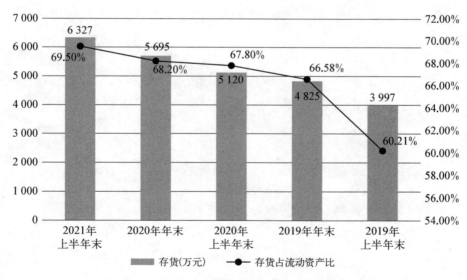

图6-3 融创近5个期末存货及存货占流动资产比

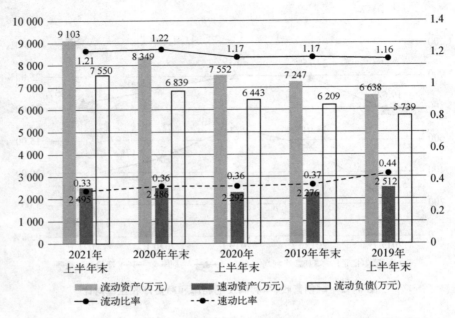

流动比率＝流动资产/流动负债　　速动比率＝(流动资产－存货－预付款项)/流动负债

图 6 - 4　融创近五个期末偿债能力分析对比

案例七 企业第二曲线还是死亡线
——银亿集团的多元化

学习目标

1. 掌握第二曲线理论、战略决策理论。
2. 理解企业战略决策的重要性。
3. 了解专业化与多元化战略决策应该关注哪些关键点。
4. 一家公司在第一曲线达到峰值，即将进入拐点时，应如何进行战略决策选择。

课前思考

1. 房地产行业的发展前景如何？
2. 如何看待企业扩张转型？
3. 专业化战略有何利弊？
4. 多元化战略有何利弊？
5. 企业增长"第二曲线"如何形成？

案例正文

一、引言

随着市场经济不断深化，大多数企业实施了国际化战略。我国对该战略的引进也有 20 余年历史，其中成功的典型案例很多，但失败的案例也不在少数。银亿集团是一家有着 20 多年历史的老牌房地产企业，连续 14 年上榜中国房地产百强企业,却在 2016 年转型汽车制造业后,在不到 2 年的时间内走向了破产重组的境地。造成银亿失败的原因既有客观因素,又有主观因素,而关键因素还是董事长熊续强主观上没有看清银亿究竟是一个怎样的企业,应该朝着什么方向发展。他只看到了汽车行业的巨大市场,而对汽车行业的发展规律认识不足,忽视了汽车行业不仅是资金密集型行业,更是一个技术密集型行业,需要持续不断的研发投入,而且研发周期很难确定。银亿的折戟,正是由于战略的严重失误所致。

二、企业持续增长理论分析

(一) 非连续性增长

贝塔斯曼通过对 10 个经合组织(OECD)国家的数据分析发现,20%～40%的企业在最初两年就会退出市场,40%～50%的企业可生存 7 年以上。一家企业要长命百岁,持续增收是第一要务,无论一家企业的绝对值有多大,一旦增长停滞下来,市值、股票也会下降,甚至衰落。

通常企业增长有两种方式:一是稳定的线性增长。即沿着原有的技术、产品、行业、市场渐进性地增长。二是跨越式的非线性增长。通过创新,例如新技术、新产品的开发,改变原有的增长路径,可能带来多倍速的增长。

熊彼特曾说:无论你把多少辆马车连续相加,你都不能造出一辆火车出来。只有从马车改变到火车的时候,企业才能取得多倍速的增长。只有走出最初的增长模式,(马车),跳到新的增长模式(火车,找到蓝海),走上新的路径,才能实现跨越式的增长。从创业时熟悉的原始增长路径向全新的产品或技术转变时,因为性质不一样,有如面临着一道鸿沟,几乎是人类思维难以跨越的阿喀琉斯之踵。在企业发展到鼎盛时期,往往也是拐点的开始,寻找新的增长点极其困难,这也是为什么世界 500 强企业的平均寿命也只有 40～42 年。

因此,一个企业要“长命百岁”,就需要不断地突破原有的增长路径,寻找新的增长模式,以非连续的增长模式,使企业不断成长。如果一个企业一直是线性增长,如同《谁动了我的奶酪》里面的小鼠,在不知不觉中企业就衰落了。

(二) 战略拐点与第二曲线

根据经济学理论,随着一种要素的持续投入,其总产出会沿着一条 S 曲线变化。总产出由最初的递增速度增加逐步转变为递减速度增加,当边际产出为 0 时,企业增长达到了极限。如果持续沿着这条路径走下去,就会使总产出下降,即失速。因此,如果不能不断地突破原有路径,寻找新的企业增长 S 曲线,一个企业无论多优秀,一个产品无论有多少用户,都会遭遇极限点。极限点是不可避免的,当极限点来到的时候,也是拐点来到了,通常的极限点同时也是企业的失速点。

因此,企业要实现多倍速增长的第二个关键点是失速点的判断,即对拐点的预判。一个公司一旦到达失速点,则只有10%的企业能够重新恢复增长。

埃森哲分析的关于"卓越绩效:攀登和跨越S曲线"的数据,所谓的"卓越绩效企业之路"分为三段:第一个行业领先业务、新的业务增长点、下一个新的业务增长点。如果一个企业已经处于第一增长曲线的拐点,则不启动第二曲线,往往会遭到致命的打击(诺基亚手机、柯达照相机等)。第二曲线是跨越"S曲线"的第二次增长。第二曲线必须在第一曲线到达巅峰之前开始。一旦第一曲线到达巅峰,甚至已经开始降落的时候,就是企业已经开始走向衰落的时候。此时企业管理者多将全部精力聚于如何恢复第一曲线的增长,而无余力顾及第二曲线。在第一曲线还没有到达巅峰之前,开启第二曲线,企业则会有较充分的资源,有望跳上第二曲线。

查尔斯·汉迪在《第二曲线》书中提到一个"战略拐点"的概念。当企业增长到拐点的时候,即经济学短期总产出分析理论中"短期总产出由以递增的速度增长转变为以递减的速度增长的点",虽然企业仍在增长,但是总产出S曲线的二阶导数发生了质的变化:在拐点之前S曲线的二阶导数小于零,在拐点之后S曲线的二阶导数大于零,在S曲线的二阶导数等于零时,就是企业增长的拐点。

问题是,企业经营不同于经济学的纯理论分析,很难计算出S曲线的二阶导数等于零的点。安迪·格鲁夫提出一个数学公式,叫"10倍速变化"。每一个战略拐点都会出现10倍速变化,而每一个10倍速变化都会导致战略拐点,拐点出现了,就应该启动第二曲线。如此反复,一个企业才能基业长青,成为百年老店。

三、银亿集团简介

宁波银亿集团有限公司创立于1994年,是一家以房地产开发为主业,以工业和国内外贸易为重点发展产业,兼有物业管理、物流仓储、建材商城和五星级酒店等产业的综合性大型企业集团。2017年银亿集团列中国500强第215位,中国服务业百强第83位,中国民营企业500强第61位,宁波市百强企业第3位。

银亿集团旗下的宁波银亿房地产开发有限公司是国家一级资质的专业房地产开发企业。凭着雄厚实力和卓越品质,连续8年上榜中国房地产百强企业。10多年来,银亿集团成功开发了30多个时尚住宅区和高档写字楼,总建筑面积500多万平方米,开发规模居宁波市同行前列。

随着国内外经济形势的变化和中国经济进入新常态,银亿集团加快了产业转型升级,在做强做大房地产、资源类工业等基础上,大举向国际高端制造业进军,先后收购了美国ARC(Audio Research Reference)汽车公司、日本ALEPH(艾礼富)公司、比利时Punch(邦奇)公司,控股了银亿股份、康强电子、河池化工三家国内上市公司。但激进的并购扩张导致的资金不足,以及放弃房地产行业核心竞争力的培养,为企业的发展埋下了祸根。从2018年下半年开始,银亿的债务危机被一层层扒开。截至 2019 年 10 月 16 日，银亿股份到期未清偿债务合计 43.57 亿元。

由于无力偿还债务，2019 年 6 月 14 日，银亿集团、银亿控股向宁波中院提出企业破产重整申请。

四、银亿集团历史沿革

（一）银亿地产一路崛起

提起银亿，多数人认为它是汽车零部件生产商，但其实银亿是一家老牌的地产商，并且有着一段光辉的历史。

银亿的创始人——宁波前首富熊续强，不同于其他创业做大后跨界至房地产的各行各业企业家们，他在创业伊始就将目光锁定在房地产行业。熊续强在 1993 年建立银亿集团，4 年后又创制了银亿股份，主业为房地产开发和经营。银亿虽不是宁波最早的房地产公司，但由于把握住了中国城市化进程的历史机遇，快速成为宁波做得最大、最知名的本土房地产企业之一。

熊续强因此成为"下海从商"的典型代表。2018 年《胡润百富榜》上，其位列 95 名，身家 295 亿元，是当时的宁波首富。

早在 2008 年，银亿就实现了销售额破百亿元。

2010 年，银亿首次跻身中国企业 500 强，并从那次起连续 8 年上榜。

2011 年，通过借壳 ST 兰光，熊续强将企业带向资本市场，ST 兰光顺势更名为银亿股份。

银亿股份的房地产开发项目，从宁波做到上海、南京、南昌、舟山、沈阳、大庆等 10 多个城市，还走进了韩国，共开发了 60 多个住宅、写字楼和商业项目。其财务报告与市值变化浓缩了这家公司借壳以来的经营成绩。

（二）多元化战略初步形成

和 20 世纪八九十年代成立的很多企业一样，银亿集团在发展过程中也不可避免地进行了多元化扩张，以房地产为核心的多元化业务是银亿集团的第一曲线。

2007 年，积极实施产业结构调整，全力把资源类工业培养成新的支柱产业，赴山西省兼并收购煤矿企业。2011 年上市后，熊续强开始将主要精力用于资本运作，以此开拓扩张的"高速公路"。

2010 年，在海外矿产建设取得重大进展，业务区域包括菲律宾、印度尼西亚和墨西哥等，形成集资源勘探、开采、冶炼和贸易为一体的大型海外矿产集团。

2012 年，在广西玉林投资建设全国第二大电解镍冶炼工厂。

2014 年，收购上市公司康强电子股东股权。

2015 年，积极拓展新兴资本市场，投资物联网、供应链管理、生物科技等产业。积极谋求现有产业升级，启动铝土矿开发、取向硅钢等项目。

不过彼时,他还没有"忘本",房地产开发仍是集团核心业务。自 2011 年银亿股份成功借壳上市以来,这条第一曲线一直是盈利的(见图 7-1)。

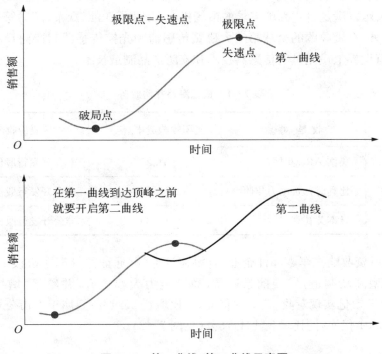

图 7-1　第一曲线、第二曲线示意图

2015 年前后,银亿股份的管理层认为房地产业的住宅板块正面临需求下降和盈利下行拐点。这一年,公司在房地产上仍然取得了毛利率 22.33% 的业绩。这一水平若与其他行业相比,仍然很出色,然而与 2014 年相比,毛利率下降近 10 个百分点,进入其他产业似乎是一条必须走的路,即:第一曲线已经达到峰值,进入拐点。房地产业同行,如万达、恒大等企业,有的在围绕房地产做其他业态的布局,如商业、养老、文化旅游地产等,有的则参股或控股其他行业,进行多元化布局。

(三)激进扩张并购埋下"地雷"

银亿集团创始人熊续强一直认为"汽车和房地产一样,都是万亿级别的市场,汽车市场正在发生变化,轻量化、智能化和电动化将成为主流。"在 2015 年中国房地产行业低谷时期,熊续强想抓住这一趋势,因此,将银亿定位为"房地产＋高端制造"的双轮驱动综合性公司。为了踏入高端制造汽车零部件领域,2016 年,银亿相继买下美国 ARC 集团、比利时邦奇和日本艾礼富,三笔收购分别用了 34.27 亿元、71.1 亿元和 15.8 亿元。2017 年,银亿集团充当过桥收购的角色,ST 银亿先后通过发行股份收购了控股股东银亿控股全资子公司西藏银亿旗下宁波昊圣、宁波圣洲旗下东方亿圣的100％股权,实现了对美国 ARC 集团、比利时邦奇集团的控制(见表7-1)。资料显示,美国 ARC 曾是通用、大众、福特等知名汽车品牌的零部件一级供应商;比利时邦奇更是抓住了自主品牌难以开发自动变速器以及爱信、ZF 等巨头难以满足自主品牌需求的市场机会,开发了江淮、众泰、海马等自主品牌客户。此外,全资收购的全球第三大磁簧传感器和光控传感器制造商日本艾礼富公司,拥有世界上最先进的传感器技术和安防产品制造技术。

表 7-1　银亿海外并购业务

时　间	收 购 对 象	集团收购成本/亿元	银亿股份收购方式
2016.2	美国 ARC 集团	34.27	非公开发行股份
2017.8	比利时邦奇动力集团	71.10	非公开发行股份
2018.9	日本艾礼富	15.80	非公开发行股份,现金

银亿巨资收购汽车零部件企业后,渤海证券、财通证券等都在研报中认为,银亿战略转型高端制造,发展前景广阔,盈利能力大幅提升,并给予"增持"评级。2017 年,ST 银亿实现营收 127.03 亿元,同比增长 29.1％;归属于上市公司股东的净利润 16.01 亿元,同比增长 134.76％(见图 7-2)。

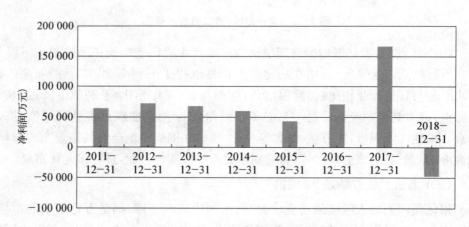

图 7-2　2011—2018 年银亿集团净利润

同时,ST 银亿的收入结构也发生了巨大变化。数据显示,2016 年 ST 银亿营业收入中,房产销售收入占总营收比重高达 70.77％,汽车零部件收入仅占18.11％;到了 2017 年,汽车零部件收入比重涨到 63.55％,达到 80.73 亿元,房产销售降至 28.67％。2018 年,汽车零部件的比重为 57.12％,金额为 51.23 亿元,房产销售收入回升至 31.75%。营收数据显示银亿的确是在转型(见图 7 - 3、图 7 - 4、图 7 - 5)。

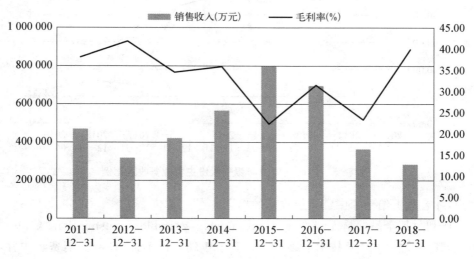

图 7 - 3 2011—2018 年银亿集团房地产业务收入与毛利率

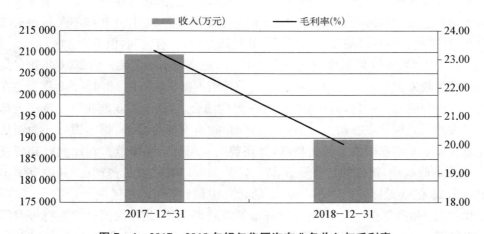

图 7 - 4 2017—2018 年银亿集团汽车业务收入与毛利率

因为发展汽车零部件产业符合国家产业政策方向,所以,在探索多元化战略过程中,熊续强选择了汽车零部件产业,而非其他产业。尽管从全球市场来看,银亿收购的 3 家外资零部件企业的确是在某个特定的细分市场有一定的市场影响力,但这些企业要么是经营上出现某种问题,要么则是并没有太大的核心技术含量的企业。

比如,美国 ARC 曾是全球第二大安全气囊气体生产商,但由于搭载在通用、克莱斯勒、现代等车企的安全气囊均出现了严重的安全问题,使其失去了长期稳定的

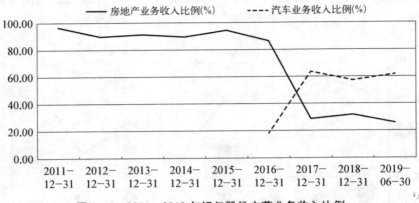

图 7-5　2011—2019 年银亿股份主营业务收入比例

客户,才客观上给予了中资企业收购的机会。

　　比利时邦奇虽然是无级变速(Continuously Variable Transmission,CTV)技术领域巨头之一,CTV 技术平顺、省油,但由于动力性不强,在欧美消费者中并不受欢迎,全球市场上应用 CVT 无极变速器的主要车企为日系和中国品牌企业,而日系车企主要匹配日产控股的 Jetco 公司产品,因此,比利时邦奇的配套企业主要为中国本土品牌的海马、江淮、长安、东南等车企的部分车型,这些都不是行业头部企业,且这些企业自己的日子也都不太好过,这个市场有空间,但不大。

　　3 笔海外收购实际发生时间均在 2016 年,花费近 120 亿元。而 2016 年银亿集团的销售收入为 652 亿元,3 笔海外收购的费用占据了收入的 18.4%。3 笔交易在主要结构与流程上一致,但在境内收购平台的出资上,这 3 笔收购在资金调动上却有极大差别。银亿在收购美国 ARC 公司时,除自有资金之外,恒丰银行还为银亿控股发放了 5 年期限的 2 亿元贷款,其还曾向 CAP-CON 借款。在比利时邦奇近70 亿元的收购中,银亿的自有资金占了至少 50%,其他为银行贷款。其中有恒丰银行 1.28 亿欧元(约合人民币 9.35 亿元)、中国银行 1.44 亿美元(约合人民币9.42 亿元)和南京银行 1.65 亿元保证金等抵质押贷款,此外法国巴黎银行等财团还提供了 1.4 亿欧元的授信(折合人民币 10.23 亿元)。对日本艾礼富的收购,出资主体则引入了有限合伙,进一步股权穿透显示,实质上银亿为支付收购资金,引入了比银行贷款利息更高的资金。这实质上是一种基金,为银亿吸纳外部资金。这说明在经历 2 笔大额收购后,银亿的资金实力已大为损耗,现金流已经非常紧张,这对企业经营而言,一旦有风吹草动,就会带来致命打击。

　　(四) 银亿折戟——教科书式转型失败

　　对于跨界大手笔并购的行为,银亿给出的说法是:在保持原有房地产板块持续发展的同时,通过国际并购等模式,加速推进企业的转型升级。时至 2017 年,汽车零部件制造营收已逾越房地产开发业务,成为银亿股份的第一主营业务。也在那一年,银亿房地产股份有限公司更名为"银亿股份有限公司",去地产化之意昭然若揭。

相较于迅速上马猛催鞭的汽车业务,原本的发家之本房地产却渐被冷淡对待。

一方面,银亿几乎停止了在公开市场的拿地动作。2018年银亿股份半年报显示,公司土地储备共约180万平方米,主要分布在辽宁沈阳、江西高安、内蒙古海拉尔、韩国济州岛等地。同时,半年报显示,地方项目进展也极为缓慢。2015年获取的新疆地块和济州岛地块,截至2018年上半年都尚未开始开发。

另一方面"不增反减"。2016年后,银亿股份多次卖地产资产。之前通过四宗交易分别获得3.3亿元、3.6亿元、2.24亿元、2.07亿元。2017年1月,又以6.63亿元将湖州4宗地块的项目公司转给中国奥园。于是,银亿的房地产业务收入不断减少,规模排名不断下降。至2018年已在同行中沦为末流。

2018年中国汽车行业遭遇增长极限点开始掉头向下的时候,银亿本来就不具备核心竞争力的汽车零部件业务也不可避免地进入下滑通道。虽然银亿对ARC和比利时邦奇寄予了很大希望。然而,在汽车行业整体下行的情况下,这两起大手笔收购带来的收益并不及预期。ST银亿2018年年报显示,其2018年营收为89.7亿元,较2017年下降29.39%;净利润亏损5.73亿元,同比大幅下降135.88%,是ST银亿最近5年首次出现亏损。由于汽车行业整体不景气,ARC和比利时邦奇均未能兑现原定的净利润承诺。因此,东方亿圣计提了9.37亿元商誉减值损失,宁波昊圣计提了8 400.52万元商誉减值损失。受商誉减值损失的拖累,ST银亿2018年计提资产减值增加至13.47亿元,这对净利润产生了同等额度影响。

中国汽车工业协会统计分析数据显示,2018年中国汽车产销量出现了28年来首次下降,比上年同期分别下降4.2%和2.8%。整车市场下行直接传导至汽车零部件供应端。2018年年报显示,ST银亿重大计提坏账准备的应收账款都集中在高端制造业,分别为KEY SAFETY SYSTEMS. INC.、临沂众泰汽车零部件制造有限公司、四川野马汽车股份有限公司、重庆众泰汽车工业有限公司和郑州日产汽车有限公司,总计金额1.3亿元。对于现金流极度吃紧的银亿而言,大量的应收账款更是使银亿的财务状况雪上加霜。

虽然收购是转型进入高端设备制造业的捷径,但却不是企业发展的捷径。银亿在第一曲线达到峰值处于拐点时,积极寻找第二增长曲线,时机没错,错的是对行业的深刻认识。虽然房地产与汽车行业都属于资本密集型行业,但是,与房地产行业不同的是,汽车行业还属于技术密集型行业,需要大量的、长时间的研发投入。用资本买来汽车公司或者技术,却很难买来技术上的吸收和融合,银亿在现金流极度紧张的情况下,只能靠赚"快钱"续命,没有也不可能有耐心进行研发,靠技术形成产业链某一环节的垄断地位,并攫取垄断利润,而只能随着市场的波动而沉浮,抵御风险的能力极低。花了真金白银买来的资产不仅不能"生金蛋",还嗷嗷待哺需要持续资金投入,银亿第二曲线折戟已经在所难免。由于业务重心转移,2017年之后 ST 银亿基本没有在公开市场竞拍过土地,房产收入已然萎缩,而第二曲线——汽车零部件又生不逢时,这一切都让银亿负债增加,种种因素叠加,最终引发危机。虽然很多宁波人住的是银亿建的房子,但是银亿的产品并没有越来越多地出现在宁波人开的汽车里(熊续强的理想是,以后银亿的产品越来越多地出现在宁波人开的汽车里)。

从 2018 年下半年开始,银亿的债务危机被一层层扒开。2018 年 12 月,3 亿元"15 银亿 01"债券违约,揭开了银亿股份危局的冰山一角,其巨资收购埋下的巨额商誉"地雷"也逐渐显现。资金链断裂问题曝出后,熊续强主导整个债务偿还的努力已经归于失败,他及其关联方的股份正被各地法院冻结。

除此之外,在巨额商誉悬顶和资金链吃紧的情况下,银亿股份的股价一路下跌。银亿集团虽竭力制定相关方案、通过多种途径化解债务风险,但仍不能彻底摆脱其流动性危机,已于 2019 年 6 月 14 日向浙江省宁波市中级人民法院申请重整。同日,ST 银亿、ST 河化及康强电子三家上市公司同一天发布公告称,分别收到控股股东母公司银亿集团有限公司、控股股东宁波银亿控股有限公司通知书,银亿集团、银亿控股已于 2019 年 6 月 14 日向浙江省宁波市中级人民法院申请重整。按照《破产法》第 2 条规定,有以下情形的可以向法院申请重整、和解或者破产清算:企业法人不能清偿到期债务,并且资产不足以清偿全部债务或者明显缺乏清偿能力的;或者明显丧失清偿能力可能的。由此可见,银亿目前是无力还债,试图通过重整来摆脱困境。至此,一家有着 20 多年历史的老牌房企走上了破产之路。截至2019 年 10 月 16 日,银亿股份到期未清偿债务合计 43.57 亿元。

五、案例分析

(一) 盲目转型不如不转型

高溢价、跨界、借壳上市等并购重组失败的案例这几年比比皆是,银亿并不是第一个踩雷的案例,也不会是最后一个。当诸多并购以失败告终后,我们需要从中汲取经验和教训。

多元化,在当前的房地产市场寒冬里,曾一度被认为是御寒利器。许多房企的多元化——特别是像银亿造汽车零部件这样的"不相关多元",往往最终成了"湿棉袄",穿着比不穿还难受。

现在很多规模房企又一改之前全面多元化的计划,纷纷表达要聚焦主业,稳定基本盘。比如,融创的文化和文旅等是在"地产＋"基础上发展;朗诗上市公司剥离旗下非地产业务;就连重仓新能源汽车的恒大,也明确以地产为基础,旅游、健康为两翼,五年内不再有其他多元化布局。目前头部房企的规模体量基本都在 3 000 亿元以上,房地产企业逐渐意识到,多元产业培育还是要围绕地产展开,替代作用很难达到,但可以起到支撑作用。

如何做好企业多元化转型?从多元化的方向来看,主流的选择仍然是相关多元化,最大程度上将核心资源与能力在业务间充分协同。此外,要确保战略选择能够有效落地,需坚持三个原则:

(1)关键成功要素原则。这一原则主要由市场需求与行业竞争特点决定。

(2)核心竞争力原则。不论选择哪种多元化战略,企业赖以生存的根本仍然是其核心竞争力,如何通过组织设计进一步巩固其核心竞争力是企业必须思考的关键问题。

(3)供给侧协同原则。向客户提供价值的过程中,各业务板块间确保战略协同效应。

(二)第二曲线探索需谨慎

从战略视角看,银亿集团遭遇今日之窘境的主要原因,是急功近利地想要通过"买买买"来实现从第一曲线向第二曲线的跨越。

很多企业知道第二曲线是很重要的,但问题是,什么时候需要启动第二曲线?如何找到第二曲线?在第一曲线中,有两个关键点:破局点和失速点(极限点)。在企业发展初期,或者是创业公司0到1的阶段都在寻找一个破局点,一旦企业找到这个点,企业会沿着增长的曲线自增长从而实现从1到10的增长。在企业沿着原本的产品、渠道、技术、市场进行渐进性增长的时候一定会遇到极限点;极限点是任何企业都不能避免的,极限点同时也是失速点。有一个关键要点:企业必须在第一曲线到达巅峰之前,就开始第二曲线。在第一曲线还没有到达巅峰之前开启第二曲线,既有资源,又有士气,也有势能,可以支撑起第二曲线。

很显然,银亿没有在第一曲线达到极限点之前就开启第二曲线,同时,银亿找到的第二曲线也并不适合自己的发展。盲目的探索、激进的作风,使得银亿最终走到了自己的死亡线上。

(三)结束语

银亿已经落幕,不知何时才能重生,但我们需要从中找到经验和教训。第一,多元化是馅饼也是陷阱,在进行多元化战略经营时要注意风险;第二,多元化战略经营的动机是诱人的,然而如果不从自己的实际出发,借鉴别人多元化战略经营失败的案例,多元化也必然跟别人一样走向失败;第三,进行多元化战略经营要注重相关多元化,从自己的核心竞争力出发。中国俗话说:"不熟不做","隔行如隔山"。银亿折戟汽车制造业,与其对汽车行业的认识不足不无关系。汽车行业是资本与技术密集型行业,需要大量的研发投入,而研发周期难以估计,如果没有充足的资金做后盾,进行持续的研发,即使在产业上升期,也很难有长足发展。

PART **03**

第三篇 跨国经营管理

案例八 当东方遇上西方——福耀集团的全球化之路

学习目标

1. 了解福耀集团全球化过程中的跨国公司经营与管理以及遇到的跨文化管理冲突。

2. 掌握跨国公司经营与管理所面临的外部环境、国际化路径以及跨文化冲突背后的跨文化理论并进一步提出跨文化适用性的策略。

课前思考

1. 福耀集团的国际化遵循何种路径(乌普萨拉模型还是天生国际化)?

2. 基于福耀集团的案例,谈一谈跨国企业经营存在哪些特殊性?

3. 福耀集团美国工厂运营过程中的冲突反映了哪些跨文化管理的基本原理?

4. 本案例给中国企业在海外建厂运营带来哪些启示?

案例正文

1987 年,一家生产玻璃制品的小工厂在山清水秀的福建省福州市落地了。30 年后,这家企业已经成为专注于汽车安全玻璃和工业技术玻璃领域的大型跨国集团。这就是驰名全球的福耀玻璃工业集团股份有限公司(简称福耀集团)。

一、福耀集团简介

福耀集团创始人曹德旺先生从 1977 年开始接触玻璃行业,最初是在家乡的水表玻璃厂担任采购员。1983 年,曹德旺看准玻璃行业的发展潜力,承包了当时工作的所在工厂,进入玻璃行业,当年就扭亏为盈,实现净利润20多万元。1984年,一个偶然的契机,曹德旺了解到,我国的汽车挡风玻璃几乎全部依赖进口,而且全球80％的汽车挡风玻璃市场被国外巨头垄断。这就导致我国汽车行业在采购汽车玻璃时失去了话语权,汽车玻璃采购成本非常高昂。"要给中国人争口气,为中国人做一块属于自己的玻璃",带着这种不服输的民族责任心,曹德旺转向汽车玻璃行业,于1985年成功研制出成品并乘胜追击,于1987年成立福耀玻璃公司。随后,福耀集团进入迅猛发展阶段。在之后的30多年里,福耀集团在吉林、福建、上海、北京、广东等16个省市建立了现代化的生产基地,还在俄罗斯、日本、韩国、美国、澳大利亚、德国等11个国家和地区设立商务机构,在中国、美国、德国设立了6个设计中心。目前福耀集团全球雇员约2.7万人,产品销往全球70多个国家和地区,市场占有率高达25％,形成了一个贯穿东南西北的产销网络体系。就中国市场而言,三分之二的汽车使用的是福耀集团生产的玻璃。从产品上讲,福耀集团现已发展成全球汽车玻璃供应商的领头羊,其制造的汽车安全玻璃得到欧、美、日、韩四大车系全球顶级汽车制造企业及主要汽车厂商(包括宾利、奔驰、宝马、奥迪、通用等)的认证,并被各大汽车制造企业评为"全球优秀供应商"。目前,福耀集团已经获得授权的专利有1 000多件,在中国制造业企业里处于领先地位。近年来,福耀集团先后获得"中国质量奖提名奖""国家创新示范企业""国家级企业技术中心"以及"智能制造示范企业"等各类创新荣誉300多项。

二、福耀集团的全球化

建厂伊始,福耀集团就将目标放在了海外。建厂仅3年后福耀集团开始向加拿大TCG国际公司出口汽车玻璃,意味着其业务拓展到发达国家的配件市场。1994年,福耀集团在美国成立美国绿榕玻璃工业有限公司,负责销售北美的汽车玻璃,开始其海外扩张的道路。随后,福耀集团在美国的汽车玻璃销量与日俱增。2002年,福耀集团与现代摩比斯公司(Hyundai Mobis Company)签订了一份供应协议,这是福耀集团与国外汽车制造商签订的第一份配套汽车玻璃销售协议。2005年,福耀集团与德国的老牌汽车厂商奥迪公司签订汽车玻璃配套供货协议,这也是福耀集团发展历史上重要的里程碑,标志着福耀集团完全掌握了汽车玻璃生产的高难度技术,打出了一个中国汽车玻璃制造行业的国际品牌。随后,福耀集团的业务在全球全面开花:2006年至2008年,福耀集团先后在德国、韩国、日本及美国成立子公司,为当地市场客户提供销售以及客户支援服务。2009年,曹德旺先生从全球43个国家和地区的诸多代表中脱颖而出,荣获"安永全球企业家2009大奖"。

随着企业的全球化步伐逐步推进,福耀集团开始向海外推进生产基地。2011年6月,福耀集团与俄罗斯卡卢加州政府签署了建立汽车玻璃生产项目的协议,将生产基地拓展到俄罗斯,并在投产两年后顺利实现盈利。随后,福耀集团将目光聚焦在北美市场。2014 年,福耀集团从 PPG 公司收购位于美国伊利诺伊州 Mt. Zion 的浮法玻璃生产基地。同年,福耀集团决定向通用汽车在俄亥俄州的旧工厂投资 2 亿美元用于投产汽车玻璃。2016 年福耀美国汽车玻璃工厂(FGA)竣工投产。次年 3 月,福耀进一步将目光锁定在欧洲市场,其欧洲公司在德国奠基。2018 年 9 月,福耀集团欧洲新厂正式投产。作为福耀集团国际化战略的重要一环,福耀欧洲工厂一方面可以零距离地为欧洲传统汽车品牌提供汽车玻璃的增值服务,另一方面也可以直接对接德国先进的制造技术和装备工艺,实现福耀汽车玻璃的持续创新。2019 年,福耀集团收购德国 SAM 资产,提升了其玻璃集成化能力。至此,福耀集团完成了从一家出口型制造企业到一家全球汽车玻璃制造巨头的转变。图 8-1 总结了福耀集团从建厂伊始到玻璃制造业巨头的全球化发展过程。

1986/06	1991/09	1994/12	2002/10	2005/05	2006	2008
福耀集团于中国福清正式成立	福耀集团向加拿大 TCG 国际公司出口汽车玻璃	福耀集团在美国成立美国绿榕玻璃工业有限公司,负责销售北美的汽车玻璃	福耀集团与 Hyundai Mobis Company 签订供应协议	福耀集团与德国奥迪签订汽车玻璃配套供货协议,标志其掌握了汽车玻璃生产的高难度技术	福耀集团在日本、韩国、德国及美国成立了子公司,为这些市场的配套客户提供销售以及客户援助服务	

2011/06	2013/09	2014/01	2014/07	2016/10	2018/09	2019/01
福耀集团与俄罗斯卡卢加州政府签署了建立汽车玻璃生产项目的项目	福耀集团俄罗斯工厂一期竣工并投产	福耀集团决定向通用汽车在俄亥俄州的旧工厂投资 2 亿美元,投产汽车玻璃	福耀集团从 PPG 收购了位于美国伊利诺伊州的 Mt. Zion 的浮法玻璃生产基地	福耀美国汽车玻璃代顿工厂竣工并投入生产	福耀欧洲在德新工厂竣工并投入生产	福耀集团收购德国 SAM 资产,提升了其玻璃集成化能力

图 8-1　福耀集团的全球化发展过程

值得一提的是,在全球化扩张道路上,福耀集团不仅在汽车玻璃制造上保持高水准,同时也在维护民族品牌上做出了巨大的贡献。福耀集团随后的发展更是不断印证了曹德旺的民族责任心和民族自豪感。其中,最著名的就是福耀集团在中国加入世界贸易组织后打赢的第一场反倾销诉讼案件。福耀集团美国销售公司成立后,福耀北美市场在其海外总市场中所占份额从 1999 年的 20% 激增到 2000 年的 75％,这引起了美国和加拿大的关注。2001 年 3 月,福耀集团连同国内其他 31 家汽车挡风玻璃生产厂家被美国商务部怀疑有倾销行为。次月,美国国际贸易委员会初步裁决,中国产的部分玻璃对美国的产业造成了伤害,并判定福耀集团的倾销税率从 9.67％提高到 11.8％。同年底,加拿大 PPG 公司向加拿大海关总署提出对包括福耀集团在内的四家中国汽车玻璃制造商的挡风玻璃反倾销指控。

面对倾销诉讼,福耀集团积极成立反倾销应诉办公室,最终加拿大国际贸易法庭判定中国汽车玻璃在当地市场并不构成倾销,驳回了有关方面的相应指控。这是中国企业加入世界贸易组织之后打赢的第一场反倾销案件。对此,曹德旺先生说,应该告诉我们中国人,在遇到反倾销官司的时候积极去应对,尽管早期可能会遇到各种挫折,只要不做亏心事,公理在我们这边,完全有可能胜诉。与此同时,福耀集团对美国的反倾销官司也在艰难地进行。福耀集团聘请美国当地最好的律师,在中国与对外经贸大学成立中国反倾销研究所,将美国商务部和 PPG 为首的几家美国企业一起诉至美国国际贸易法院,并对美国商务部提出年度行政复审,积极应诉美国方面的倾销指控。经过团队的艰苦奋斗,2003 年底,美国国际贸易法院对福耀上诉书上九项主张中的八项予以赞同,同时将该案退回美商务部重审。2004 年 10 月,仲裁结果出炉:美国商务部以后对福耀玻璃仅征收 0.13％的关税,预计可返还约 400 万美元税款。

关于这场官司的胜利,福耀的董事长曹德旺总结了三点:首先是战略得当,对方声称福耀集团享受国家补贴,后来经过双方举证,这一点并不成立。其次,福耀集团的财务报表规范、完整,这也解释了福耀玻璃价格构成,为反倾销给出了关键的证据。最后,曹德旺的律师朋友建议把对方三家公司中最有影响力的 PPG 公司拉出来转变为合作伙伴,以此来分化对方。事实证明,这三条策略为福耀集团赢得这场反倾销诉讼起到了至关重要的作用。反倾销胜诉大大地提升了福耀玻璃在全球的知名度,为福耀集团迅速打开了久攻不下的欧洲市场,其在亚洲和大洋洲的市场份额也实现了质的飞跃。

三、福耀集团美国工厂的建立

在福耀集团的全球化发展道路上,福耀美国汽车玻璃工厂(FGA)的建立是值得浓墨重彩书写的一笔。2014 年初,当俄亥俄州政府官员宣布福耀玻璃将向通用汽车在当地的旧工厂投入 2 亿美元用于投产汽车用玻璃时,在国内外引起了轩然大波。以前,都是西方发达国家和地区的企业到中国、印度这样的发展中国家来投资建厂进行产品生产。而福耀集团竟然打算把生产基地建到人力成本更高的发达国家,一时间,网络上有关福耀集团建立美国工厂的消极声音铺天盖地而来。有人说,这是福耀集团打算"跑路";有人说,看着吧,这个工厂建起来肯定玩不转。面对重重质疑,曹德旺一如既往地淡定,他给大家算了一笔账:

（1）政府补贴。近年来，美国制造业不景气已经导致大量蓝领工人处于失业状态，因此，美国对制造业越来越重视，其招商强度也前所未有地加强。以福耀玻璃为例，在美国俄亥俄州建立的18万平方米的厂房大概要4 000万美元，而政府的补贴超过了4 000万美元。根据福耀玻璃与当地政府的约定，如果福耀玻璃雇佣超过1 500名美国员工，则可获得为期五年的1 300～1 500万美元的补贴；雇佣人数越多，补偿金额也会越高。此外，莫瑞恩当地政府免去了福耀集团代顿工厂新建办公楼以及生产工厂的产权税，这对于福耀而言也是一笔很大的补贴。

（2）生产成本。制造业企业生产过程中对水电气的需求强度非常大。在这一方面，美国天然气价格是中国的五分之一，电价和运输成本是中国的一半。不容忽视的是，美国的人工成本价格相比中国要高很多。据曹德旺介绍，在中国，生产一块玻璃的人工成本是1.2美元，而在美国，其人工成本达到了8美元。但是，由于福耀玻璃美国工厂的主要客户是通用汽车公司，其产品的运输成本大大降低。玻璃制品运输要求要高于其他正常货物，运输途中的包装、搬运、拆卸、贮存等过程都会有特殊规定，这就意味着运输成本的增加。因此，从中国发货到美国存在45天的产品运输周期。2010年美国通用与福耀集团签订了配套玻璃供货协议，客观上要求福耀集团需要将大批量货源稳定的汽车玻璃运输到美国通用的组装车间。通用汽车公司以及丰田公司在俄亥俄州的汽车市场规模相当可观。因此，在美国开办工厂不仅能保证运输送货方便快捷，减少长途联运带来的安全隐患，同时也能因运输距离的缩短而大大降低运输成本，为福耀集团带来更多的盈利能力。外加省下的关税，足以弥补人工成本的差额。因此，总体算下来，福耀集团在美国生产玻璃销售给客户的成本要比在中国生产并运输到美国去销售合算很多。

（3）税收成本。从税收上讲，在美国，制造业企业只需缴纳企业所得税，没有流转税的税负，因此税负上能剩下很多。用曹德旺的话说，100万的收入，在美国到手能有60万，而在中国，到手42万。

综合考虑这些因素，响应国家提出的"走出去"战略，曹德旺坚定了在美国建厂生产玻璃的决心。随着中国企业"走出去"的步伐越来越快，海外项目也呈现出井喷式发展。然而，即便如此，福耀集团在美国建厂仍是一个非常特殊的案例。作为传统制造业，中国企业在"走出去"时更多选择欠发达国家和地区，很少选择在欧美等成熟经济体建厂。这类对外投资有两个特殊点：首先，从发展中国家到发达国家投资建厂，很容易激起东道国员工的民族中心主义情绪（陈晓萍，2016）。其次，制造业企业在东道国设厂招聘的员工大都是教育水平不高的流水线工人，因此员工群体与一般的高科技企业相比存在明显差异。对于制造业行业在发达地区投资所遇到的跨文化管理、文化冲突问题应该怎么办？目前也没有成熟的经验可以借鉴。曹德旺也考虑过这些因素，但他对管理美国工厂充满了信心。

四、福耀集团美国工厂的困境

福耀集团美国工厂是建立在原来通用汽车公司的厂址上，其最初雇佣的工人也大都是原来在通用汽车公司工作过的蓝领。曹德旺深知工人从原来在通用汽车公司到现在为发展中国家的福耀集团工作心理上可能的落差。在 2019 年奥斯卡金像奖最佳纪录长片《美国工厂》中有这样一个片段：在视察办公室的时候，当下属说起要不要在办公室挂两幅画，一幅中国画一幅美国画时，曹德旺挥了挥手说："不。就只挂美国的，入乡随俗。不要去刺激他们。"开工之前，曹德旺请专家对从中国过去的员工进行跨文化培训，"美国人说话直言不讳，他不会是遮遮掩掩的，表现得非常明显……"

然而，文化的很多影响是根深蒂固的。同样是在纪录片中，我们也看到，福耀董事长曹德旺前来工厂视察，前来迎接的中国高管单手握手大幅度弯腰致意，而美国高管则是双手握手致意。在讨论到庆典当天的细节时，副总裁戴维介绍说可能还得有屋檐，以防变天。曹德旺回答说，中秋季节，天高气爽，不用有屋檐。美国管理者问："下雨怎么办？"曹德旺坚定地回答："不会下雨。"对于工厂的设计，曹德旺也有着自己的观点。即便是工厂的门已经设计好并下了订单，曹德旺认为门的朝向不妥，要修改门的朝向。美国工厂高管戴维回应："我们才刚签合同……这样要花 35 000 美元。"长叹了一口气，跟着走进了还没装修好的办公区域，最后还是修改了门的朝向。在完成了厂房装修之后，开业庆典顺利召开。中美员工齐聚一堂，庆祝工厂终于顺利开工，一切似乎正朝着既定的轨道前进。

随后的一系列事实证明，福耀集团还是低估了中西方文化差异带来的影响。第一件就是如何交流和沟通。在福耀美国工厂办公区域的装修还在进行的时候，前台坐着的一个美国大叔指着墙上钉着的"MARCHING FORWARD TO BE WORLD LEADING AUTOMOTIVE GLASS PROVIDER"标语说："应该要说 TO BE THE WORLD。"当然，这只是一些小细节，然而，透过这个小细节，也能想象出语言的差异对工作带来的影响。从中国派遣到美国的员工的选拔标准中，技术熟练的重要性要远远高于语言熟练。这样才能更好地带动美国当地员工熟悉设备的使用和生产运营。可以想象，双方的沟通会存在多大的障碍。在工厂里，经常见到中美员工借助动作来进行沟通。比如，用手比划着拿个扳手，或者当中国员工教美国员工如何清洁玻璃四周时，双方没有言语交流，只有动作示意。当机器出现故障迫不得已需要直接沟通时，中国员工和美国员工通过微信翻译功能手忙脚乱地进行沟通。不畅通的沟通多了，自然会沮丧。一名美国员工说，"我们想找办法时，他们都会不开心。大家都用自己的语言来表达不开心，然后走自己的路，五分钟后再回来碰头。"另外一名员工则抱怨："如果我的主管是不会讲英文的中国人，那你怎么管理我？那你又如何理解我碰到的问题？"工人拉里说："为了与中国员工交流,我不得不下载手机翻译软件,如果不这样,他们听不懂我在说什么。如果我去操作高温炉或玻璃联合界面,操作界面是中文的,我看不懂中文,我得去叫中国人帮我调成英文,我才能看懂接下来该如何操作。"

伴随着沟通困难而产生的一系列问题接踵而来。2016 年,美国职业安全与健康管理局收到 11 名福耀集团美国工厂员工的联名投诉信,他们认为福耀工厂存在很多安全隐患,希望美国职业安全与健康管理局介入处理。2017 年 6 月 12 日,《纽约时报》的一篇《中国工厂遇到了美国工会》的报道在国内引起了轩然大波。而福耀玻璃是否在美国遇到了"水土不服"的问题也成为舆论关注的焦点问题。

《纽约时报》称,美国职业安全与健康管理局因为安全违规向福耀集团开出了22.6 万美金的罚单。华盛顿大学公共卫生系教授戴维·迈克尔斯曾经做过前美国劳工部长助理以及职业安全与健康管理局主管,对这一问题比较有发言权。他认为,一般罚单金额是基于危险以及违反规定的情况计算出的,而这一罚单的金额在美国的工厂里可以算是比较大的,说明福耀玻璃的安全问题还是很严重的。事实上,这一问题从《美国工厂》中也可见一斑。影片中,一名员工抱怨说:"我们工作的房间只有一个入口,另一边没有出口。如果失火,就会被困在里面。"另外一名员工说:"我绝对拒绝用直立推高机抬起两倍的货量,机器不够强,你要是想做,那好,你去做,我不做。我不要让大家冒生命危险。"福耀集团的安全主任在安抚一名手部受伤的员工。相比起受伤的手,这名员工更加担心自己会不会因为动手术不上班而失业:"我很担心我的分数,我不想失业,我的薪水呢?薪水没问题吧?"看着自己包扎的手,她满脸的担忧,或为生计,也可能为了自己的手。一名窑炉卸货员鲍比说:"在通用工作了 15 年,我都没有受过伤。而现在,我的腿受伤了。"央视记者也对这一事件进行了跟踪。在央视的采访视频中,福耀集团的员工辛西娅表达了对福耀集团的不满:"福耀工厂应当学会更好地倾听员工的心声,他们应当对建议保持开放态度,而不是知道了以后什么也不做。从一开始我们要求工厂贴上防火标识,已经过去一年半的时间了。如果你的员工已经提出这样的建议,你也想改进,就要学会听他们在说什么,你应当愿意改变。"福耀集团的安全问题,最终以福耀集团与管理局和解将罚金降至 10 万美元,并承诺建立安全管理体系,定期与工人开会,倾听员工的担忧,回应员工的关切,更严肃地对待安全问题而告一段落。

除了安全问题外,员工也非常关心自己的福利问题。当福耀想把美国工厂原来的午餐室改成生产线时,引发了员工的抱怨:"这里为什么要改成生产线而不继续当午餐室?到处都有告示这么说,那午餐室到哪去?……那边三个坏掉两周的微波炉为什么还没被换掉?"在福耀美国员工休息区,处理员工关系的瑞吉无奈地回应:"我不知道,我刚放假回来。"员工生气地说:"他们要把桌椅全拿掉,把这里变成生产线,跟其他地方一样。我希望他们把你办公室变成生产线!"对于工作,也有员工说，"他们（中国人）工作都不停歇，一直在工作，一天 24 个钟头，他们周日也工作，他们有时候不要我们吃午餐的，因为他们要做完某数量的玻璃。"在央视的采访中，辛西娅说："如果我去医院看病，花了几个小时，我希望能被允许，而不是被扣分。"当记者问到这些是否是福耀必需给的待遇时，这名员工回应道，不是必须的，但是美国大部分公司都是这么做的。《纽约时报》声称，福耀集团的员工说，如果想要申请带薪休假，必须要提前很多年，否则会被当作旷工来处理。对此，曹德旺回应道：福耀集团美国工厂的员工每年都有 15 天的带薪休假，这是工厂给员工的福利。如果需要申请这个带薪假，需要工厂统一安排，在不影响生产的情况下安排员工来休假。否则，一旦员工集中起来休假，会影响工厂的正常生产经营。而这也是基于美国联邦法律的规定制定出来的员工管理规定，这是企业的权利。

在纪录片中，我们看到，当福耀美国工厂的员工来中国工厂这边培训和学习经验时，中国工厂的一名主管对美方主管说："讲句实在话，你一个月 8 天假，周末都有假，一天工作 8 个小时，这已经很爽了。这里的（中国工厂）员工一个月大概休 1～2 天。"镜头转到福耀中国工厂员工这边，员工对于假期的回应是这样的："有时候不放假，不让回去，也很少回去。基本上到过年的时候才能回去。我们上 12 个小时。很累啊，累也没办法啊。"一名男性员工说，"领导叫我们做我们就做。我现在有两个小孩，一个才半岁，一个 4 岁。如果说工作比较忙的话，那就有可能休不了，一年回去一次两次吧。""大的有 11 周岁了，小的 8 周岁。就算不加班陪他们的时间也特别少。"另外一位女员工回答着，手中的活一刻都没有停下来。

中国和美国员工关于工作的一系列不一致似乎变成了"中国人"和"美国人"的不一致。在央视采访中，员工辛西娅说，有（美国）人因为没有佩戴安全眼镜而被福耀公司开除。但是，她看到很多中国工人也没有佩戴安全眼镜，没有戴防护设备，也没有穿安全鞋（却没有被开除）。她愤愤不平地表示："如果有美国人因为这些原因被开除，那这些规定应当适用于所有人。"《纽约时报》则称，在福耀集团工作了几个月的美国高管戴维·伯罗斯声称自己因为"不是中国人"而被开除。这一点遭到了福耀集团董事长曹德旺的强烈否认，指出其被开除的真正原因是职业操守有问题，作为职业经理人，并没有尽力维护公司利益，这是福耀集团无法接受的。在纪录片中，我们也可以看到，有员工认为"中国人在控制整个工厂"。也有员工抱怨说，"他们（中国员工）把我们当外国人"，"中国人真的不帮我们，他们只走来走去叫美国人做事……"

这些消极的声音大都来自想要成立工会的员工，而这些声音也的确阻碍了福耀玻璃的既定生产计划。实际上，美国工厂工作的中国员工也有诸多困扰。在很多中国员工看来，美国员工的动作比较慢，"手指头比较粗，（要）一直教一直教"。

速度非常慢,效率很低,产出也很低,更要命的是,用曹德旺的话说,还"不能管"。曹德旺想方设法让美国人理解并接受中国人在美国的投资,并动员远在美国的中国员工:"我们都是中国人,祖国是我们的母亲,这是永恒的。中国人到(美国)来办企业,我们最关键的第一件事情,不是赚多少钱的问题,(而是)让美国人改变对中国人的看法,对中国的看法。因此每一个中国人都应该树立这种观念,保国卫民,关键在我们在座的各位。"

五、案例分析

当然,并非所有的美国员工都不认同福耀集团美国工厂的管理和经营。事实上,868 票对 444 票否决了成立工会就已经侧面证实了福耀集团的管理是受到大部分员工的认同的。在央视的采访中,虽然员工对福耀的管理有诸多抱怨,但是当央视记者问到在福耀退出俄亥俄州或者和福耀一起解决一些冲突之间二选一时,员工不约而同地选择和福耀一起解决分歧。有员工说:"你问我这里有没有文化冲突? 我相信存在的。中国人有中国人的做事方式,美国人有美国人的做事方式,但是我相信大家都是为了把这一件事情做好。哪怕有时候有中文翻译在场,我们仍然会互相听不懂,有时候需要用手势。不过我部门的很多中国人,我想他们都在努力学英语,交流比去年刚开始的时候好很多了。我知道有一些做法在中国可以,在美国不可以。但是当公司发现这些问题的时候,我觉得事情总是能够得到很快解决。"另一名员工则说:"我们希望福耀成功,我们希望看到福耀成长和继续扩大,成为世界最大的汽车玻璃制造工厂。"在美国的找工作网(Indeed)上,我们也可以看到员工对于福耀集团美国工厂的评价是褒贬参半(见表 8-1)。很多美国员工指出,公司的福利和工资都很好,中国员工也很友好,可以学到很多新东西,在自己工作遇到困难的时候会得到帮助等。

经历了艰难的磨合期,福耀集团美国工厂终于迎来了好消息。根据福耀集团公布的数据显示,2017 年 1—6 月,福耀集团美国工厂实现营业收入 11 516.12 万美元,净利润 -1 044.10 万美元,然而 2017 年 6 月实现盈利 49.52 万美元。这意味着福耀集团在美国工厂进入了盈亏平衡点。自此之后,福耀集团美国工厂实现了连续两年盈利。2017 年,美国工厂的净利润为 508 万元,而到了 2018 年,这一数额达到了 2.4 亿元。2019 年的半年报数据表明,尽管全球经济增速放缓以及国内汽车行业持续负增长等因素导致福耀集团上半年的净利润减少了近两成,但美国工厂的表现仍然耀眼:净利润达到了 1.4 亿元,比去年同期增长了 17%。如同福耀集团美国法务部律师米卡尔所说,把中国文化和美国文化融合在一起来经营企业,一定会遇到一些障碍,这很正常。最终,一定会努力实现中美员工共同的目标:安全经营、服务客户、制造玻璃。

六、附录

表 8-1　福耀集团美国工厂员工评价(节选)

序号	福耀公司优点	福耀公司缺点	就职状态
1	有免费的午餐,同事很好,工资也很好	管理者不在乎员工及其个人生活	离职
2	快节奏的工作,有很好的伙伴,很好的教导和管理,有团队协作,收入好,关心员工,各项操作也不难理解	学习语言很困难	离职
3	热爱这份工作	他们解雇美国管理层就是为了给中国管理层让位置;而中国管理层根本不给美国员工任何机会,如果你不是中国人,在公司根本没有提升的可能	离职
4	很好的工作	需要改善的地方有很多,需要学会倾听员工的建议,需要提高安全性。公司的离职率很糟糕	在职
5	很适合学习的工作地方,可以学习到不同的文化,给予机会晋升,工资也很好	只有 10 分钟的休息时间	离职
6	工作伙伴友好	交流是很大的问题,一些人只说中文,需要用谷歌翻译交流;工作时间太长,有时候是每周 7 天每天 12 小时	离职
7	工资福利好	差别对待中国人和美国人	离职
8	工作环境很好;同事都很认真;能够及时得到帮助;工资满意	只有 30 分钟的休息	在职
9	无	很糟糕的工作地方;超负荷的工作量;很缺乏管理;强大的语言障碍;工作时间长;无晋升机会	离职
10	能够学习检查玻璃质量的方法;多元文化使工作变得有趣;享受团队合作完成每日目标;有很好的伙伴	管理需要加强;很难维持一直工作不休息;快节奏的工作	离职

序号	福耀公司优点	福耀公司缺点	就职状态
11	工作很轻松,很常规;每日有会议制定今日目标;只要工作努力,很容易和经理相处	无	离职
12	薪资很好;上级友好,能理解员工	无	离职
13	工资福利好	对待中国人和美国人不同	离职
14	薪资很好;喜欢上级主管的有效指导和理解	很多人不说英语	离职
15	合理的薪资	长工作时间,低补偿率;压力大,员工被期望每周工作50小时;文化很难适应	在职
16	工资很好;福利很好	管理存在问题;一些人很差劲,不做事,不知道做什么	在职
17	学习了不同的文化	不同的文化,75%的员工是中国人;先晋升中国人	在职
18	工资很好	管理者不知道如何激励和留住员工	离职
19	快速工作,快速思考	无	离职
20	无	不遵守职业安全与健康标准	离职
21	无	只有工作,没有生活	在职
22	工作简单	管理者几乎不与下属沟通	离职
23	学到了团队合作	中美文化差异	在职
24	福利好	中美工人间缺乏信任	在职
25	福利很好	中国人比美国人更重要	离职

案例九 跨国经营中的人事管理危机——艾玛公司

学习目标

1. 了解如何有效应对劳资关系冲突。
2. 掌握在跨文化商务背景下多角度发现问题、分析问题、解决问题的能力。

课前思考

1. 企业面临的人事危机是什么样的？为什么会出现这次危机？
2. 要顺利解决此次劳资关系问题，企业该从哪些地方入手？为什么？
3. 请为企业设计一套危机处理方案。
4. 你觉得企业里面存在文化冲突吗？是什么样的冲突？如何解决？
5. "企业的成长受制于企业的资源水平"，你能联系本案例对此观点开展讨论吗？

案例正文

2017年3月15日，艾玛公司亚洲区总裁约翰半卧在从底特律飞往上海的达美航空商务舱座椅上，近15个小时的飞行中他几乎没有合眼，一封关于报酬诉求的员工来信让他措手不及、思绪万千。近50名一线工人要求公司重新计算他们的加班工资，否则等待公司的有可能是劳动仲裁甚至诉诸法律。约翰自2003年接管艾玛中国公司（总部设在上海）以来，公司业务蒸蒸日上，经过近20年在华努力奋斗，艾玛中国公司的业务遍布中国多个城市并延伸至东南亚地区，不仅进一步发展成为亚洲区分部，更已经取代公司底特律总部成为全球最重要的利润中心。约翰是美国人,他一直认为自己是一位既关心工作也关心员工的好领导,让他久久不能平静的是:为什么会出这样的问题? 这件事该如何解决?

一、公司现状与发展

(一) 公司发展历程

艾玛公司是一家全球机械零部件供应商,拥有金属冲压零部件、注塑零部件和相关增值服务方面的专业服务能力,广泛为手机和汽车行业提供零部件。公司成立于 1960 年美国密歇根州底特律市,目前在北美、欧洲和亚洲设有分公司,并通过 ISO 9000、ISO 14000 和 ISO 16949 认证。艾玛公司的发展历程见表 9-1。

表 9-1 艾玛公司的发展历程

时 间	重 要 事 件
1960	艾玛公司成立
1968	提供冲压制造零部件
1975	并购 F & M 公司
20 世纪 80 年代	聚焦精密金属冲压零部件制造
20 世纪 90 年代	将业务扩张至亚洲和欧洲
21 世纪初	在中国和墨西哥设置生产基地
2010	提升产品整合度,研发并提供基于"原型设计"的完整解决方案

(二) 公司现状

艾玛公司总部设在底特律,亚洲区公司总部设在上海,目前在中国大陆的广西南宁设有分公司,同时在东南亚地区的越南、马来西亚设有办事处。艾玛公司的组织架构如图 9-1 所示。

艾玛公司现有职工总数 1 238 名,其中本科以上学历占 45%。公司一线生产型员工人数为 625 名,占全部职工总数的 50.5%,主要教育背景为全日制高中/职业高中以上;研发人员 35 名,占全部职工总数的 3%,教育背景皆为本科以上学历,其中,有一半以上的研发人员来自全国重点高校的相关专业,具有较强的技术创新能力。

公司目前的资金周转情况较好,现金流比较充足,无负债。其中,上海分公司实现年销售收入约 4 亿元人民币,占公司全球年销售收入的 50% 左右,实现利润率

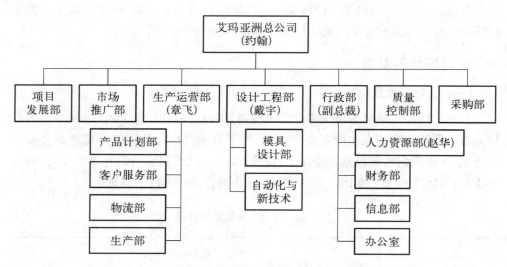

图 9 - 1　艾玛公司的组织架构

约 15%，其中投入创新研发的资金占全部收入的 1% 左右。

（三）公司文化

艾玛公司是美国独资企业，也是一家私人企业，创始人麦克拥有企业 100% 的股权。目前公司的高层管理团队均为美国员工，在公司的各个职能部门则由来自中国、马来西亚、墨西哥等不同国家的员工负责。艾玛公司起源于美国中西部地区，体现着典型的美国式管理理念和文化特征，这主要表现在：

（1）重视自我价值的实现和提倡奉献精神。公司对员工特别是技术型和研究型人员保持极大的尊重和信任，在工作中给予员工较多的弹性；同时公司提倡奉献精神，强调与公司共同发展，从公司高层管理者开始，常常通过以身作则来影响更多的员工。比如，亚洲区总裁约翰，自十多年前派驻到中国上海，每天早晨 7 点不到就到公司，下班也常常要到晚上 7 点以后，而正常的工作时间是上午 8:30 到下午 5:30，周末他也常常主动到公司解决生产中的各种难题。虽然这些都没有作为绩效考核的显性内容，但是公司在进行职位升迁和奖金发放时，会把员工的工作主动性、努力程度和工作实效作为评价人的重要标准。

（2）重视研发人员、鼓励创新。为了提高研发人员的工作积极性，在公司研发部门（主要是精密模具开发部）为研究型员工提供一定弹性的工作安排，即员工可以根据自己设计任务的需要，在一定范围内自主调整每天的工作时间，比如特别忙的时候鼓励设计工程师适当加班，在相对闲暇时候允许设计工程师通过调休来保持自己良好的工作和生活质量。为了保证弹性工作制能够有效实施，同时也出于对研发部门员工的信任，公司还免除了研发部员工的打卡制度。

（3）家庭式文化。艾玛公司长期以来推崇家庭式工作氛围，在一些重要的节日，企业会专门组织活动邀请优秀员工代表、家庭成员或者全体员工参加聚会，分享公司成长的故事与成果。按照美国生活方式，约翰每年都会组织家庭日活动，邀请员工和他们的家属来公司参加露天的 BBQ 活动，每年过春节之前会参考中国的方式组织聚餐和新年抽奖活动，有时候在平安夜还会邀请优秀员工代表及其家属一起漫游浦江。通过营造一个大家庭的工作氛围，让员工们热爱公司，让他们感到在艾玛公司工作很愉快。

（四）公司基本薪酬政策

艾玛公司制定薪酬政策的基本原则是兼顾外在竞争性和内部稳定性。公司提供有竞争力的薪酬待遇以吸引人才，因此平均薪资水平比同类型公司高出 20% 左右。艾玛公司努力维持薪酬政策的稳定性以留住核心人才，即便面对 2015 年公司利润率有所下降、市场不景气的多重压力，约翰仍坚持向公司总部申请确保每年年终奖政策稳定不动摇，在约翰的坚持下，所有员工一直享受双月薪的奖金政策，其相关奖金所得税也由公司全部代缴。

二、行业背景

自 20 世纪末以来，发达国家以跨国公司为重要载体，通过在全球范围整合产业链，不断优化全球供应链体系。跨国企业通过全球采购以获得低成本资源，进而加速在市场前景好、制造成本低的国家和地区开展直接投资，依托其自身技术和资本优势建立更加经济高效的专用设备零部件产业链，进而实现全球制造。

中国已成为汽车及其零部件全球生产、全球供应体系中的重要一环。目前，几乎所有世界著名的汽车零部件巨头都已经进入中国市场，且业务不断发展壮大。另一方面，中国企业生产的汽车轮胎、汽车玻璃、音响等零部件也大量出口海外。2005 年至 2010 年中国汽车零部件及配件行业的规模迅速膨胀，2010 年已近 1.5 万亿元人民币，5 年复合年平均增长率达到了 30%。中国零部件工业的总产值在整个汽车工业产值占比已稳步提升至 40% 以上。2015 年，该行业的预计收入总额为 5 670 亿美元，同比增长 14.1%。其中，中国境内需求量占 5 638 亿美元，同比增长 9.6%。

从长远看，全球化将成为设备零部件制造业的一大趋势，制造商们在满足国内市场需求的基础上正在积极扩展全球市场。2009 年，超过 70 家全球百强的汽车零部件公司在中国开展或扩张其制造业务。例如，通用汽车公司报告显示其在中国有超过 198 家供应商以支持其全球业务。许多以出口为主的汽车零部件制造商在中国境内涌现，这加速了本国汽车零部件制造业的全球化进程。从销售收入来说，2010 年外商和港澳台投资企业所占市场份额达到 45%，而私营企业虽数量众多,但销售收入的市场份额仅 28%。2007—2010 年入选全球汽车零部件配套供应商百强的尚无一家中国零部件制造企业。国外零部件配套供应商还成为市场某些特定汽车部件的唯一制造商,这些部件多为高端电子控件、燃料喷射系统、传感器、制动系统和转向系统等。

三、公司相关人员信息

(一) 艾玛公司亚洲区总裁约翰

约翰,70 岁,2000 年加入艾玛公司并于 2003 年派驻中国,担任亚洲区总裁和公司全球模具总监。约翰是美国得克萨斯州人,进入机械零部件制造行业后,从一线员工做起,逐步成长为模具设计专家,进入艾玛公司后进一步接手亚洲区公司的全面管理和运作。约翰工作投入、思维活跃、作风稳妥、宽以待人。约翰与生俱来的牛仔文化,让他在工作上总是保持热情和豪爽,喜欢和员工们交流,关心他们的生活,并愿意为碰到困难的员工提供帮助。

(二) 艾玛中国公司人事经理赵华

赵华,37 岁,2006 年加入艾玛公司,英语本科专业。刚刚进入公司的时候,赵华在客户服务部门工作,后于 2008 年进入公司人力资源部门担任负责人。赵华性格温和,沟通能力较好,和同事们相处得比较融洽。但是毕竟没有人力资源管理相关知识和经验,赵华一开始担任人事经理时压力很大,并通过学习相关行业知识来不断提高自身的业务能力和管理水平。

(三) 艾玛中国公司设计工程部经理戴宇

戴宇,40 岁,机械专业本科和项目管理硕士学位,2002 年加入公司,正值上海公司处于创业初期的扩张阶段。相对于很多员工,戴宇是一名老员工,他在公司待的时间已经超过了 15 年并与公司共同成长,从一名普通的模具设计工程师逐步成长为公司模具设计部门的负责人,并承担全球的模具设计管理职能。在戴宇的带领下,设计工程部门的员工保持着积极向上的工作态度,在工作中克服了许多技术难题,为公司在全球进一步扩张提供了重要的支持。戴宇既非常了解公司的文化,也对艾玛公司有很深厚的感情。

(四) 艾玛中国公司生产运营部经理章飞

章飞,45 岁,机械专业本科和 MBA 硕士学位,2000 年在公司刚刚创业的时候就加入了公司,与戴宇一样是公司资格最老的一批员工。章飞相继担任过公司设计工程部的经理、销售部的经理,并于 2013 年回到生产运营部承担管理工作。章飞对生产、销售和设计都有丰富的经验,也对公司有非常全面的了解。但是因为章飞的性格比较急躁,影响了他与其他部门的员工更好地开展合作。

表 9-2 艾玛中国公司生产型员工的主要类型与工作安排

部 门		员 工 人 数	工 作 模 式
生产运营部	生产一部(冲压)	130	8小时工作制＋必要加班
	生产二部(注塑)	65	8小时工作制＋必要加班
	包装部	115	8小时工作制＋必要加班
	二道工序	95	8小时工作制＋必要加班
	装配及检测	65	8小时工作制＋必要加班
质量控制部	质检部	52	8小时工作制＋必要加班
设计工程部	模具车间	40	8小时工作制＋必要加班
	样品车间	20	8小时工作制＋必要加班
	模具设计研发	20	8小时工作制＋必要加班
	自动化研发	5	8小时工作制＋必要加班
	自动化车间	8	8小时工作制＋必要加班
	加工中心	10	8小时工作制＋必要加班
合 计		625	

四、问题的产生

2017 年刚刚过完春节,新的一年工作刚刚开始,人事经理赵华就被几名员工代表堵在了办公室,他们拿出来新的劳动合同法和 10 多名员工的联合申明,要求公司重新计算他们的加班工资,并尽快补偿到位,否则他们保留进一步采取行动的权利。

年轻的人事经理赵华懵了,她暗暗想:我这么小心谨慎怎么会出错呢? 她拼命地回忆这件事情,但是仍然丈二和尚摸不着头脑。于是,赵华只能向几位员工表态:"请你们大家先回到工作岗位上,对于大家的诉求,请给予我一些时间去核实并向公司老板汇报,我会尽快把相关情况告诉大家!"

将几位员工代表劝走后,赵华仔细研究了员工的诉求,并通过原始资料核查和法律咨询,才知道了问题的所在。早在 2008 年国家颁布新的劳动合同法时就有明确的相关规定:

（1）《劳动法》第四十四条规定："有下列情形之一的，用人单位应当按照下列标准支付高于劳动者正常工作时间工资的工资报酬：① 安排劳动者延长工作时间的，支付不低于工资的百分之一百五十的工资报酬；② 休息日安排劳动者工作又不能安排补休的，支付不低于工资的百分之二百的工资报酬；③ 法定休假日安排劳动者工作的，支付不低于工资的百分之三百的工资报酬。"

（2）在计算加班费的时候，如果劳动合同明确约定工资数额的，应当以劳动合同约定的工资作为加班费的计算基数。应当注意的是，如果劳动合同的工资项目分为"基本工资""岗位工资""职务工资"等，应当以各项工资的总和作为基数计发加班费，不能以"基本工资""岗位工资"或"职务工资"单独一项作为计算基数。

艾玛公司在计算员工加班工资的时候采用了以下做法：对所有的普通一线员工（普工），计算加班工资以其所有的工资收入作为基础计算；对于部分高级技工和工程师岗位员工（高级工），由于考虑工资收入中一部分属于技能工资，因此在对这部分员工计算加班工资时，以他们的基本工资作为基数来执行的（相当于该类员工全部工资收入的 70%）。

但是，2008 年《中华人民共和国劳动合同法》颁布，对加班工资的计算有了明确的规定，而艾玛公司却没有意识到这个变化，仍然按照惯例执行。事实上，当时也正值艾玛公司人事经理岗位调整，原来的人事经理离职，当时新接手的赵华对人力资源管理的法律法规还了解不够，原本应该根据国家规定及时调整管理制度，但赵华当时根本没有发现这个问题，将不合规的做法一直沿用至今。

此时，赵华一头冷汗，她不得不赶紧把此事原原本本地向远在美国的约翰汇报。想不到新年伊始，迎接约翰的是这样一个棘手的事情。而约翰也正好准备返回中国布置新一年的工作，接到邮件的后他也陷入了沉思：

我是一直坚持把遵守法律、履行责任作为公司的重要原则，怎么会出这样严重的问题？……

我一直当作家人的员工，怎么就翻脸无情了呢？家里出了问题不是得先进行友好沟通和协商吗？怎么要闹到诉诸法律呢？……

我对他们的好大家都看不见吗？看来是到了要加强管理的时候了，首先就得严格考勤制度……

2017 年 3 月 17 日星期五上午，刚刚抵达上海的约翰紧急召开相关部门经理会议，共同商讨对策。会上大家交流了基本的观点：

人事部赵华首先介绍了此次事件的基本情况和发展态势："这次提出意见的主要是模具车间和样品车间的中高级生产型员工，除了正式提出的，我们也摸排了类似情况的员工，合计涉及的员工数达 48 人。如果全部补偿支付到位，涉及费用约280 万元人民币。"

生产运营部章飞说："我们这样的公司居然会出现这样的问题，人事部门工作看来有所不足呀,出了事你们都得负责的! 员工肯定要补偿到位的,否则生产没法开展。"

设计工程部戴宇说:"如果员工的诉求合理,符合相关规定,建议公司按照规则执行,用合适的方法将补偿款发放到相关员工手中。我也会和生产一线员工以及工程设计部全体成员进行沟通,一是要求大家能够继续做好本职工作,要相信公司会给大家一个满意的答复;同时也希望部门员工仍旧保持良好的凝聚力,把个人成长和企业发展结合到一起。"

约翰显得有些失落,不无感慨地说:"首先,这件事如果证明是公司违规,那么我们必须纠正,这一点是没有异议的。当然,这件事让我有些难过的是,在美国的时候,大家工作时间很灵活,忙的时候大家可能连轴转,闲的时候也会两天见不着人,员工们在一起好像把公司当作自己家一样,也不会和公司斤斤计较,我仍然希望我在中国的公司也是一个大家庭。另外,这次公司的确是犯了错误,人力资源部门的管理水平必须提升,而且我觉得我们是不是平时的管理太松懈了,看来以后考核也应该严格起来。还有,哪些员工应该纳入加班工资考虑的范畴,未来工程师岗位是否还要考虑他们的加班补偿? 我们也需要再讨论一下。看来,管理上我们还有很多工作要做!"

五、案例分析

随着中国经济的改革开放事业不断发展,许多境外企业进入中国开展投资经营,中国已经成为全球最大的外商投资东道国之一,实际使用的外资金额规模居全球第二位。虽然海外发展蕴藏着巨大的商机,但是对于开展跨国运作的企业来说,这一过程也充满着挑战。

国际人力资源管理中的劳资关系管理一直是理论与实践领域的备受关注的焦点。跨国经营或者跨国投资并不是一次性买卖,涉及一定时期的延续运作和管理,特别是当国际企业进入不同的文化环境中,会遇到不同的工作价值观、生活方式和伦理规范等差异,这些差别既可能推动创新,也可能导致国际商务活动中跨文化冲突的产生。而跨国运作中跨文化冲突的存在不仅可能带来更高的交易费用,也可能影响跨国公司战略目标或预期收益的实现。因此,跨国公司的管理者需要思考如何围绕本企业的战略目标,通过加强组织文化建设、畅通内部沟通渠道、提升学习能力,并积极对外界的环境因素(例如东道国的制度和文化),努力将组织中的跨文化冲突调整到合适的区间。

与此同时,跨国企业必须意识到每一种文化都是独一无二,但是成功管理跨文化冲突还是有法可循的,有三条经验可作为参考的管理原则:了解另一种文化,尽量使用该国语言;避免文化偏见,培养全球中心思想;决策过程中充分考虑文化距离。

案例十　突发疫情下的"逆势增长"
——辰赟公司的 **B2B** 海外客户关系管理

学习目标

1. 理解运用 STP 战略进行目标市场选择与定位。
2. 掌握互联网营销工具的类型与其在 B2B 客户关系管理中的应用。
3. 了解市场拓展方格图。

课前思考

1. 辰赟的目标市场是什么?
2. 辰赟采用了哪些获客渠道? 针对不同的目标市场,辰赟分别使用了什么营销策略?
3. 突发疫情下,互联网营销工具对辰赟的 B2B 客户关系管理提供了哪些帮助?
4. 在疫情冲击下,辰赟为什么能做到"逆势增长"? 在后疫情时期,辰赟能够保持业务的增长势头吗?

案例正文

一、引言

2020 年春天,一场突如其来的新冠疫情使得中国外贸制造型企业的生存受到严峻挑战。国内企业的经营活动受到影响,国外的进口需求下降,使得我国外贸行业备受打击。辰赟公司也不能幸免,其叉车出口贸易也深受疫情的影响。2020 年春节后,辰赟公司的总经理冯炯接到一个又一个坏消息:工厂停工、物流停运,导致辰赟公司整个 2 月份的叉车出口业务陷入停滞。疫情既是突发危机,也可能是发展机遇。在疫情冲击下,冯炯带领团队积极采取应对措施,重新定位市场,运用互联网营销工具在维系老客户的同时,也注重开发新客户。辰赟公司团队的努力取得了良好的效果,2020 年 1—4 月份,辰赟公司的出口业务同比不降反增,增幅在 15% 以上,表现出"逆势增长"。那么,辰赟公司团队是如何运用互联网营销工具来管理 B2B 海外客户关系的呢?这种"逆势增长"有可持续性吗?

二、辰赟公司简介

上海辰赟机械设备有限公司(以下简称辰赟)成立于 2017 年,主营叉车与仓储设备等工业设备的出口贸易。

(一)冯炯与辰赟

辰赟的创始人冯炯自 2004 年大学毕业后,一直在机械行业的外贸企业工作,曾经就职的单位有上市公司和民营企业,从事机械产品的海外布局业务。十几年的工作经历帮助他积累了一批业内客户、好友与合作伙伴。

在与海外客户打交道的过程中,冯炯逐渐了解品牌对于 B2B 出口贸易的重要性。品牌能够帮助顾客识别产品、服务和企业,并将它们与竞争者区别开来。在对外交流时,一致性的品牌能够提高与客户的沟通速度并降低沟通成本。因此,在 2017 年他决定自己创业时,他就注册了辰赟品牌,英文为 SSE,其商标及含义见附录 10-1。SSE 品牌内涵是要以工匠精神打磨产品,灵活高效地满足客户需求,并能够做到环保与高性价比。除了注册辰赟品牌,冯炯还于 2017 年与 2018 年申报了 4 项运输工具与机械设备的商标与图形知识产权。他计划用两年时间培育 SSE 品牌,使其在海外有一定的知名度之后,能够以点带面,在主要的销售国家及地区招募代理商,形成一定的影响力。最后能够做到,客户看到 SSE 这个品牌就认可其内涵与产品质量。事实上,冯炯对其公司出口的产品质量很有信心,因为辰赟合作的制造工厂与冯炯有多年的合作关系,工厂成立于 2003 年,其技术专家团队有 30 多年的从业经验,因此,产品始终保持着很高的质量水平。

(二)辰赟的现状

冯炯创建辰赟公司后,就向昔日的好友与客户告知他自己创业的现状,分析目前经销的产品,让客户自己去选择是否要与他的新公司合作,同时他也积极为辰赟开发新的目标客户。截至 2020 年 4 月,辰赟产品已经出口到 100 多个国家或地区,在全球拥有 50 多家经销商。冯炯说:"对工业品的销售来说,第一单靠吆喝,第二单靠产品,要想长久合作靠的是与客户保持良好的关系,只有双方有充分的信任,才能成功完成 B2B 销售。"

三、中国叉车在海外市场定位

(一) 国内叉车行业发展

我国叉车产业可以追溯到 20 世纪 50 年代生产的仿苏叉车,20 世纪 70 年代叉车行业初具规模,在 70 年代后期至 80 年代中期,国内叉车厂陆续引进外国先进技术,如日本三菱、联邦德国 O & K 公司等。20 世纪末,国外叉车巨头企业选择进入中国建厂,如上海海斯特、昆山丰田工业等。这不仅将世界先进水平的叉车产品带入中国,促进了中国叉车技术快速发展,同时也对中国国内的叉车制造市场造成了冲击。

进入 21 世纪,经济全球化的进程带动了中国物流技术和仓储业的蓬勃发展,进一步带动了中国叉车市场的发展,各行各业对叉车的需求不断增长,中国叉车行业进步迅速,步入了"黄金发展期"。截至 2019 年初我国已有 80 多家叉车生产企业、30 多家仓储叉车和轻小型搬运车辆企业和 10 多家独、合资企业,形成了产品系列全面、行业竞争激烈的总体格局。

早在 2006 年,我国国内叉车市场销量已经超越日本,成为仅次于美国的全球第二大销售市场。由图 10 - 1 可以看出,近年来,我国叉车的销量一直持续走高,2019 年全年总销售量已达 608 341 台,再一次刷新了中国叉车行业的历史纪录,继续保持全球排名第一的叉车超级生产大国和销售大国。

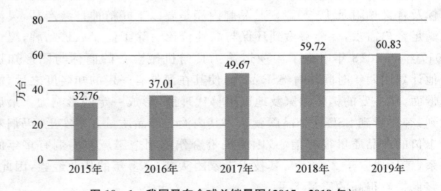

图 10 - 1　我国叉车全球总销量图(2015—2019 年)

(二) 中国叉车产品在海外市场的定位

19 世纪 80 年代初期,无锡虎力机械有限公司产品"HU-LIFT"出现在欧洲市场,开启我国叉车进入海外市场之路。经过几十年的发展,我国叉车出口台数已达到每年 15 万台以上。由图 10 - 2 可以看出,近年来,我国叉车出口量基本呈上升趋势,2018 年出口量 166 923 台,2019 年略有下降,为 152 825 台。出口量占总销量的百分比有所波动。

图 10 - 2　我国叉车出口总量和百分比(2015—2019)

我国叉车出口的主要目标市场是欧洲、美洲、亚洲,主要出口流向不乏美国、俄罗斯等机械制造强国。2019 年,中国叉车出口美国金额超过 2.2 亿美元,出口澳大利亚超过 1.6 亿美元。2019 年我国叉车出口额前十的国家的具体数据见表 10 - 1。纵然我国叉车的发展有了很大提升,但一些国外叉车巨头丰田、林德、永恒力等凭借技术优势,还占据着强大的市场份额。我国叉车出口优势主要还在于价格低、性价比高。

表 10 - 1　2019 年中国叉车出口额前十的国家

国　　家	美国	澳大利亚	印度尼西亚	泰国	俄罗斯	越南	日本	韩国	印度	菲律宾
出口金额/万美元	22 159	16 337	9 079	8 962	7 900	6 918	6 884	6 331	5 994	4 047

(三)冯炯对中国叉车产品的看法

冯炯做外贸的十几年来,感受到了全球各地的经销商对中国叉车产品的重视与认可度在不断提高。他接触过有一些海外经销商,他们原来只做欧美的或日韩的中高端品牌叉车,但是在其本国经济滑坡时,其客户会在投资和设备采购方面调整策略,挑选性价比更高的产品。这个时候,中国产品的高性价比优势就体现出来了。冯炯说:"这就是我们的机会。在叉车制造上,我们的整机设计技术已接近国际前沿水平,但发动机等关键零部件的设计、制造水平还有差距。如果我们把德国与美国的叉车产品称为高质高价的话,那么我们的产品就是中高质低价。"

四、冯炯早期的 B2B 海外获取客户经历

在创立辰赞之前,冯炯在以前的就职公司从事海外布局业务时,寻找海外客户主要通过展会、外贸推广平台与邮件营销等途径。

自 2005 年开始,冯炯参加过十几届广交会,深深体会到参展效果在逐年递减。2005 年前后,只有 4 到 5 家同类产品企业在广交会设摊位,各企业的成交客户都比较多。随着中国叉车行业的迅速发展,竞争逐渐加剧。到 2015 年,参展的同类厂家达到 40 多家,而且较多客户是来询价比价,成交客户逐年减少。

除了广交会,冯炯也尝试过专业的外贸推广平台,如阿里巴巴、中国制造网、环球资源等 B2B 平台。他的体会是对于刚刚开展海外营销、没有客户基础的企业来说,这些平台的优势是有天然的流量。企业在 B2B 平台上装修好店铺,在站内投入广告与竞价排名,可以获得一些海外客户的询盘。但是冯炯认为 B2B 平台也存在一些问题。首先是 B2B 平台上的企业参差不齐,有实体工厂,也有小型的贸易商,不利于企业的品牌塑造。其次是客户在平台上会询价多家供应商,使得平台上的竞争异常激烈,导致企业的利润非常低。尤其是到了饱和期,产品同质化现象很严重。

2010 年前后,冯炯开始使用邮件与客户沟通,因为时差关系,通常是一天一封或者两天一封,通过邮件讨论一些商务条款以及最终的合同。2015 年以后,他与客户们的沟通方式有了较大的变化。客户们不再满足于传统的邮件沟通方式,他们更倾向于利用互联网工具即时沟通。造成这种变化的原因主要有两个:一是海外客户趋于年轻化,老一辈慢慢淡出市场,80 后、90 后的采购人员是伴随互联网成长的一代人,有自己的运营模式与沟通方式;二是智能手机的普及与各种社交软件的广泛运用,也使得即时沟通变得很便利。

十几年的海外推广经验与对 B2B 客户管理的思考,使冯炯在 2017 年创立辰赞时,就有了明确的定位——要创立并培育自己的产品品牌,要创建企业网站向海外客户宣传品牌,要利用各种互联网工具实现优质的海外 B2B 客户关系管理。

五、互联网环境下辰赞的海外获客策略

(一)辰赞的目标市场

辰赞目前自身的定位为中小企业,它若以欧美为目标市场就需要与国内外的大型企业抗衡,竞争压力会很大,因此公司的目标地区集中在"一带一路"沿线国家与南美地区,虽说这些地区的经济实力不如欧美国家,但是依旧具有饱满的市场

活力。

在选择的目标地区中,辰赟将其目标客户分为三种类型。第一类目标客户是辰赟团队最希望争取到的,是在当地的叉车相关行业已有多年销售经验的经销商,他们有成熟的销售体系,知道如何去运营品牌、如何进行售后服务。但这类客户是可遇而不可求的,因为他们一般已在经销其他同类品牌的产品,辰赟只能等待其是否有更换供应商的机会。与此同时,辰赟会主动去开发第二类客户,辰赟将其定位为不是做叉车行业但是做相似产品的经销商,如建筑机械、农业机械等,或者是做发电机、发动机等相关工业产品的。他们也有成熟的销售与售后团队,缺少的是销售叉车的经验与动力。辰赟团队会引导这类企业的相关人员了解中国经济的发展趋势,告知他们辰赟产品在当地的潜力,如果他们想经销叉车产品的话,则需要提前储备,而辰赟会支持他们进入该行业。最后一类客户是中小贸易商或零售商。与第二类客户相比,他们的弱点是缺乏售后服务,因此辰赟团队在培育这类客户的同时,还要解决售后问题。对于这种情况,辰赟团队的处理方法是找当地专门做售后服务的第三方企业,与零售商一起签一个三方协议,保证产品的售后服务。

(二)辰赟的 B2B 客户获取策略

基于对目标客户的定位选择与前期海外获客的经验,冯炯在创立辰赟时就决定使用互联网营销工具来寻找海外客户。针对不同类型的客户的不同发展阶段,他采用"推式"和"拉式"两种不同策略来获取。

1. "推式"策略:邮件营销

辰赟团队通过向目标客户发放邮件,达到主动寻找客户、把产品信息和销售信息"推"出去的目标。邮件营销比其他营销方法更为直接,能够做到向目标客户一对一地传递信息,而且基本上不需要成本,唯一的成本就是购买邮件名单,而邮件营销最高有 2% 的邮件对象能够成为潜在客户。这 2% 的潜在客户,相当于和辰赟建立了一个沟通关系。接下来,辰赟团队对这部分潜在客户按目标市场的分类采用不同的处理方法。第一类客户,即有叉车销售经验的经销商,辰赟团队会定期发送一些类似节日问候、新品发布等主题的宣传邮件与之保持良好的关系,让其了解辰赟的发展动态,使得他们如果有更换供应商的想法,就能够想到辰赟。对于后两类客户,除了定期发布节日问候、新品发布等主题的宣传邮件外,还会发送一些叉车的行业知识与动态,吸引他们进入叉车行业。

2. "拉式"策略:谷歌搜索广告

辰赟团队通过在谷歌(Google)投放搜索广告,使得当客户在谷歌搜索"叉车"等相关关键字时,能够看到辰赟的广告信息,从而主动找上门来,达到"拉"动客户的目的。

Google 是全球最大的搜索引擎,覆盖 200 多个国家和地区,拥有全球 90％以上的互联网用户,日均 50 亿次的广告展示。Google 在美国、德国、西班牙、印度等全球大多数国家中是使用率第一的搜索引擎。因此,运用谷歌搜索广告将客户吸引过来是很有效的海外推广方法。冯炯认为,那些用谷歌来搜索产品的海外客户,可能对中国的产品不太熟悉,这时就可以发挥辰赟的营销团队对产品熟悉的专长,引导客户找到其需要的产品,并通过沟通,确认其属于哪种类型的客户,精确了解其需求,让客户信任辰赟的产品与服务。

3. 海外营销的基础：企业网站

不管是采用邮件营销还是搜索引擎广告,引流来的客户都会访问企业网站。企业网站可以向海外客户全方位展示企业整体形象、产品及服务,通过视频和图片等方式使企业产品和企业形象得到真实地呈现,客户通过网站能方便快捷地了解到企业环境、产品的详细介绍、相关参数等所有企业愿意展现的信息。冯炯认为,企业海外网站是海外营销与品牌培育的基础,界面友好、内容丰富并能够与客户互动的网站是成功获取 B2B 客户的前提。

2017 年辰赟成立后,第二年它的企业网站上线。网站提供在线表单与在线客服功能,当客户访问网站时,网站会有弹窗让客户填写留言表单(见附录 10-2),如果客户对产品感兴趣还可以与企业客服在线沟通,让企业实时了解客户的想法,更好地促成订单。辰赟网站有英语与西班牙语两个版本,其英语版首页见附录 10-3。

六、突发疫情下辰赟的 B2B 客户关系管理

(一) 突发疫情对辰赟的影响

2020 年春天,突如其来的新冠疫情引发国际运输和人员管制、贸易禁运、汇率波动,使我国外贸企业的生存受到严峻挑战。首先,疫情发生后,全国各地限制跨区交通、人员流动和聚集,城乡居民隔离在家,企业经营和社会活动受到影响。其次,疫情促使国外一些国家采取多种措施限制进口我国商品,对我国人员、货物、集装箱、交通工具和邮包采取更加严格的检验检疫措施;有些国家甚至是暂停进口我国商品。而且,国外的疫情爆发使其需求也大幅下降。这些因素都对我国的外贸企业产生了极大的负面影响。根据中华人民共和国商务部公布的数据,2020 年第一季度进出口总值 9 430 亿美元,较上年同期下降 8.5％。出口总值 4 780 亿美元,较上年同期下降 13.3％。图 10-3 显示了近五年来的第一季的出口总值。由图可见,受疫情影响,2020 年第一季度的出口总值回落到了 2016 年的水平。在此大背景下,辰赟作为中小外贸企业,也不免受到影响。在整个 2 月份,辰赟的情况是工厂停工,物流停运,出口业务陷入停滞。

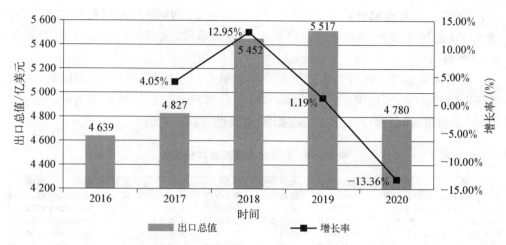

图 10-3　2016—2020 年第一季度出口商品总值对比图

（二）突发疫情下辰赟的新客户开发

在 2 月份出口业务停滞期间,辰赟团队并没有坐以待毙,他们积极采取各种措施来开发新客户。辰赟团队发现,东南亚、非洲等"一带一路"沿线国家受疫情影响相对较小,国家防疫管控相对较轻,经济仍保持一定的活力。因此,团队重新设定目标市场、调整营销策略,将营销重点对准上述地区。主要采取的措施有:

1. 利用邮件营销工具搜索该地区的新目标客户

邮件营销与私人收发邮件有很大差别,邮件营销的收件人数量较多,通常是几百、几千甚至更多的收件人。辰赟团队采用邮件营销工具,利用客户标签的逻辑组合(设置选中标签、排除标签)来选择收件人,实现最多 10 万级的批量发送,大大提高了发送效率。辰赟团队除了购买邮件名单外,还利用邮件营销工具中的邮箱搜索工具——搜客,来搜索目标客户邮箱。他们对"一带一路"沿线国家中尚无业务关系的国家进行全新目标客户的搜索,这是一种以地理位置与关键字为搜索条件的搜索方式,可以获得满足地理位置与关键字条件的公司邮箱。例如,辰赟团队想在埃及寻找与叉车有关的公司邮箱,就以"叉车"(forklift)作为关键词,在埃及的城市"开罗"(Cairo)为中心的周围 50 千米内,检索符合条件的公司。通过网址链接获得公司收件邮箱。

2. 对该地区的非活跃客户进行激活与内部渗透

相对于全新目标客户的邮箱搜索,搜客还有一种更重要的搜索目标客户的方式——以域名为搜索条件来搜索邮箱。这是针对一些已询盘但未成交的客户的搜索邮箱方式,这些客户已通过邮件或在线客服与公司进行过商务洽谈和沟通,由于各种原因未能成交,成为公司的非活跃客户。对于这类非活跃客户除了向其发送邮件以期激活外,还可以通过向其企业内部更多的人员发送 EDM 进行企业内部的渗透。以域名为搜索条件,就能够获得该企业相关人员的邮箱。

辰赞团队梳理了邮件营销工具与网站表单中记录的所有历史询盘信息,形成非活跃客户记录表,如表 10-2 所示,每位潜在客户的信息包括公司名称、所属国家、记录创建时间、客户类型、状态、来源、重要性、邮箱、电话。

表 10-2　辰赞的非活跃客户记录表

公司名称	国家	创建时间	客户类型	状态	来源	重要性	邮箱	电话
KZK INDUSTRIAL	巴基斯坦	2019/2/3	经销商	潜在客户	Email	高	zk@kzkgro	+92 213 4
LYF FORKLIFT PA	马来西亚	2019/2/3	经销商	潜在客户	Email	高	george@ly	+60 12 61
FVK S.A.R.L	黎巴嫩	2019/2/4	经销商	潜在客户	直接访问	高	victor.khad	+961 3 46
MCK CAT NIGERI	尼日利亚	2019/2/4	经销商	潜在客户	直接访问	中	fadi.khadra	+234 803
Mohamed A. Alh	沙特阿拉伯	2019/2/9	贸易公司	潜在客户	Email	高	akhan@int	+966 2 69
TPH FORKLİFT Hi	土耳其	2019/2/9	经销商	潜在客户	谷歌广告	中	ayhan@tpl	+90 532 2
NTKForklift	俄罗斯	2019/2/9	经销商	潜在客户	直接访问	高	gendir@nt	+7915169
NTKForklift	俄罗斯	2019/2/9	经销商	潜在客户	直接访问	高	mrobert@	+7495363
NTKForklift	俄罗斯	2019/2/9	经销商	潜在客户	谷歌广告	高	logistic@nt	+7495363
HIDROSHYDRAU	土耳其	2019/2/11	终端客户	潜在客户	谷歌广告	低	info@hidr	+9026233
B.U.FİşMakinala	土耳其	2019/2/11	经销商	潜在客户	直接访问	高	info@buf.c	+9022444
BursaBolgeBayii	土耳其	2019/2/11	经销商	潜在客户	直接访问	高	info@ulud	+9053233
TAYAEndüstriyel(	土耳其	2019/2/11	经销商	潜在客户	直接访问	高	cise@taya	+9021645
BAYKULLAR	土耳其	2019/2/11	终端客户	潜在客户	谷歌广告	低	betul.coke	+9054321
TETAŞA.Ş.	土耳其	2019/2/11	终端客户	潜在客户	谷歌广告	低	s.bingol@t	+9021286
SOCIETECOMME	突尼斯	2019/2/11	终端客户	潜在客户	谷歌广告	低	hichem.ma	+2167446
SOCIETECOMME	突尼斯	2019/2/15	终端客户	潜在客户	谷歌广告	低	comat_tun	+2167139
SunbriteForkliftF	南非	2019/2/15	经销商	潜在客户	谷歌广告	高	sunbrite@	+2783442
SunbriteForkliftF	南非	2019/2/15	经销商	潜在客户	直接访问	高	stephen@s	+2773731
SunbriteForkliftF	南非	2019/2/15	经销商	潜在客户	谷歌广告	高	wdoepie@	+2783442
RICHANIGROUP	黎巴嫩	2019/2/15	经销商	潜在客户	直接访问	高	info@richa	+9613697

团队筛选出目标地区的潜在客户,用其邮件的后缀作为搜索条件,通过搜客的域名搜索邮箱功能,可以得到该客户所在公司的其他员工的邮箱,根据其重要性的级别,对其进行再次营销。

3. 为该地区定制与定点投放谷歌搜索广告

疫情期间,辰赞暂停了南美地区的广告预算,将预算全部投入东南亚与非洲地区的广告系列。通过谷歌的关键字工具——"关键字规划师"选择该地区搜索量高且相关度高的关键字,增加关键字的质量得分,使得辰赞的广告能够出现在排名靠前的位置。

辰赞团队采取多种措施来提升广告的收益。例如,根据冯炯多年的外贸经验得知,早年东南亚市场使用日本品牌的叉车,因而东南亚的消费者选择中国叉车时更看重叉车是否配备日本原装发动机,因此,团队将广告标题设置为"Japanese original engine"(日本原装发动机)以此提高预期点击率。销售人员反馈非洲有客户希望了解辰赟的售后服务,团队在广告中添加"Eternal equipment support"(终身配件支持)等标题,以此吸引客户询盘。辰赟团队监测谷歌广告的每日数据反馈,根据每日搜索量动态调整关键字与各广告系列的每日预算,力求广告在该地区获得最大化的收益。

4. 投放 YouTube 视频广告到该地区

疫情期间,辰赟团队尝试增加新的营销渠道,投放 YouTube 视频广告到东南亚与非洲地区。团队制作好视频,将完成的视频上传至 YouTube,再利用 Google Ads(谷歌广告平台)将 YouTube 的视频作为广告投放出去。在用户看到广告后,若对广告内容有兴趣,即可点击视频下方链接直接跳转至企业网站。即使用户没有跳转到网站,辰赟品牌也获得了曝光。团队还通过 Google Analysis(谷歌分析)查看广告投放的结果和参数,进行调整,以提高之后的广告收益。

在东南亚地区视频广告的流量主要集中在印度、印度尼西亚、泰国、新加坡这四个国家,其中又以印度为首,这应该是和印度的人口数量庞大有关,另外通信发达程度也是相关因素。

视频广告的关键字设置没有搜索广告那么复杂,辰赟团队最初为视频广告设置的 9 个关键字的展示次数与观看率见附录 10-4,其中展示次数与观看率均比较高的有"Transport""Port""Machinery""Container""Forklift"几个词。团队根据表格数据结合当地的语言搭配以及使用叉车场景的表达,进行了关键字优化。

另一个优化是改良视频开头,尤其是前 5 秒内容。YouTube 的插播广告给予用户在广告经过 5 秒之后便可跳过的权利,正因为广告可以跳过,用户会在这 5 秒的时间认真观看,准备着一到 5 秒就直接跳过,因此,在这 5 秒内用户接收的信息质量其实是比较高的,广告获得了真实的曝光。

(三) 突发疫情下辰赟的老客户关系维护

在疫情期间,辰赟团队不仅积极开发新客户,更加用心于维护老客户。冯炯知道有一句古老的商业谚语这样说:"争取一个新客户要花费的成本是留存一个老客户的六倍",可见维护老客户的重要性。辰赟的客户主要分布在东南亚、南美国家如新加坡、菲律宾、缅甸、巴西、厄瓜多尔、危地马拉等,其中既有与冯炯相交多年的好友,也有辰赟成立后新开发的客户。辰赟订单大概有80%来自这些老客户,不管是从公司的效益出发,还是从友情出发,冯炯在平常都与他们保持着良好的沟通,疫情这个特殊时期对客户关系的维护更是一种考验。

在疫情期间,辰赟团队通过邮件与社交工具 WhatsApp 或 WeChat 积极与

图 10-4　2020 年 3 月辰赟的
市场份额比例

老客户保持良好沟通。在疫情严重期间,主动免费寄送口罩等防疫用品,帮助老客户渡过难关。3 月份,辰赟出口强势反弹,增幅在 30% 以上,一方面是春节前的在手合同的集中发运,另一方面是部分受疫情影响较小的老客户支持下单。3 月份有业务往来的国家主要有 6 个,各国家所占份额如图 10-4 所示,其中萨尔瓦多与埃及为新客户下单,其余 4 个国家为老客户下单。

（四）突发疫情下辰赟客户关系管理的成果

通过对老客户的关系维护,疫情期间,辰赟留住了 80% 的老客户,其中有 30% 在 3 月、4 月就完成了下单订购,还有客户与冯炯确认等他们国内疫情缓解后即订购新产品。

辰赟团队在开发新客户方面也成绩斐然。3 月、4 月,辰赟在萨尔瓦多、缅甸、乌兹别克斯坦、埃及等市场不断获得新的优质客户和订单,为其在疫情期间实现"逆势增长"提供了有效支撑,也为后疫情时期打下了扎实的基础。

机会总是留给有准备的人,辰赟团队在冯炯的带领下,厚积薄发,平稳度过疫情难关,2020 年 1—4 月份,辰赟出口业务同比增长 15% 左右。

七、辰赟的未来

辰赟现在面临的问题是,未来还能保持业务的增长势头吗？可以预见,未来的营销将会高度去人工化,即营销自动化程度将越来越高,这些需要互联网营销工具的集成运作,即邮件、搜索引擎、社交媒体、网站设计集成于一体,包括引流、转化、成交与持续口碑营销。冯炯知道,如果辰赟想保持持续发展,除了要跟上营销自动化的步伐,人的作用更加重要。如何深度维系老客户？如何让新客户有效地转化为老客户？这是辰赟一直要面临的挑战。

八、案例分析

（一）互联网营销工具对辰赟的 B2B 客户关系管理提供了帮助

在突发疫情的情况下,辰赟通过邮件营销、谷歌搜索广告与 YouTube 视频广告实现新客户开发,通过邮件营销实现客户组织内部渗透,通过邮件与社交工具实现老客户关系维护。为了获取目标客户的邮箱与非活跃客户的组织内部成员的邮箱,辰赟利用了邮件营销工具中的"搜客"工具。总之,辰赟运用不同的互联网营销工具实现不同的客户关系管理目标。

在新客户获取方面,辰赟主要利用企业网站、谷歌搜索广告、YouTube 视频广告以及邮件营销三种互联网工具。辰赟现有英语与西班牙语网站,向不同语种的目标客户展现辰赟产品的特征与优势,网站提供在线表单与在线客服功能,当客户访问网站时,网站会有弹窗让客户填写留言表单,如果客户对产品感兴趣还可以与企业客服在线沟通,让企业实时了解客户的想法,提高新客户的转化率。通过邮件营销、谷歌搜索广告与 YouTube 视频广告将客户引流到企业网站,并且针对不同地区的客户采取不同的广告策略,例如,针对南美不同国家的西班牙语对于"叉车"拼法的不同,为不同的国家创建不同的关键词广告系列;针对东南亚国家的客户偏好日本发动机,在广告语中特别突出辰赟产品使用的是日本进口发动机。在利用邮件营销寻找新客户时,除了购买邮件名录,辰赟还利用"搜客"工具的关键词搜索来寻找指定目的地的新目标客户。

对于客户组织内部渗透,辰赟首先记录之前通过不同渠道与公司接触过的客户信息,包括客户访问的时间、来源渠道、客户类型、所属业务员、客户邮箱,并根据实际情况标注其重要等级,作为制定对客户进行再次营销的依据。对于一些已询价但未下单的客户,辰赟使用搜客工具的域名搜索功能寻找其同一公司成员的邮箱,通过邮件营销向公司其他内部成员渗透。对于已有成交的客户,辰赟也注意收集其公司的其他成员信息,与他们保持良好的沟通。

在维护老客户方面,辰赟主要使用邮件与社交工具。疫情期间,通过定期向老客户发送问候邮件,保持良好的关系。对于公司重要的老客户,公司总经理冯炯会通过瓦次普 WhatsApp 或微信 WeChat 实现与其进行实时沟通,主动了解客户动态,做好客户关怀,及时满足老客户需求。

(二)在疫情冲击下,辰赟如何做到"逆势增长"

在全球新冠疫情爆发的背景下,辰赟团队群策群力,思考各种办法来走出困境,主要可以归纳为市场拓展方格图里的市场渗透策略与市场开发策略。

1. 市场渗透策略

辰赟的客户主要分布在东南亚、南美国家如新加坡、菲律宾、缅甸、巴西、厄瓜多尔、危地马拉等,既有与冯炯相交多年的好友,也有辰赟成立后新开发的客户。在疫情期间,辰赟团队通过邮件与社交工具 WhatsApp 或 WeChat 积极与老客户保持良好沟通。在疫情严重期间,主动免费寄送口罩等防疫用品,帮助老客户渡过难关。在疫情有所缓解后,老客户纷纷支持下单,30% 的客户在三四月份完成了下单订购,还有客户与冯炯确认等他们国内疫情缓解后即订购新产品。

2. 市场开发策略

在全球疫情暴发时,除了鼓励市场的老客户下单订购,辰赟团队还继续开发非洲与中美洲等受疫情影响较小的地区市场。而辰赟团队在利用互联网营销工具进行新客户开发方面已积累了丰富的经验,在突发疫情下,能够利用之前积累的海外营销经验快速开辟新市场、找到新客户。

疫情期间,辰赟团队还尝试开发新的营销渠道,投放 YouTube 视频广告加强辰赟 SSE 产品在目标市场的推广。

总而言之,在全球突发疫情的大背景下,辰赟能够做到"逆势增长",主要因为如下四个因素。首先是因为其主营市场是南美与"一带一路"沿线等发展中国家,在三四月份欧美疫情大爆发的情况下,受影响尚可,并且辰赟团队及时根据疫情情况调整目标市场,将疫情影响降到最低;第二,辰赟团队在利用互联网营销工具进行新客户开发方面积累了丰富的经验,在突发疫情下,能够利用前期积累的海外营销经验快速开辟新市场、找到新客户;第三,辰赟团队一直注重老客户的维护工作,最大限度地维持老客户的忠诚度,不让老客户随便流失;最后,辰赟对于 SSE 品牌的创建已略有成绩,SSE 品牌在各目标市场已有一定的认知度,使得在进行海外 B2B 客户关系管理时,品牌价值让团队成员们的营销工作事半功倍。

对于在后疫情时期,辰赟能够保持业务的增长势头的问题,由学生开放讨论。根据作者对辰赟总经理冯炯的访谈来看,他对接下来的外贸展望持谨慎乐观态度,他的计划是一方面积极关注疫情发展,动态调整广告策略和区域布局,另一方面继续深挖现有市场和老客户,持续提供优质的产品和服务,直面困难的同时,管控外贸风险,力图在 2020 年能行稳致远,保持相对稳定。作者认为,在后疫情时期,以及在常态化的海外营销中,辰赟独特的 B2B 客户关系管理策略依然会让辰赟在叉车行业的海外市场有自己的竞争优势。

参 考 文 献

［1］陈浪南,洪如明,谢绵陞. 我国企业跨国市场进入方式的选择战略［J］. 国际
贸易问题,2005(7).

［2］陈伟. 中国农业对外直接投资及其模式［J］. 经济体制改革,2012(4).

［3］程兆谦,王世良. 跨国并购中文化差异的作用机制——基于 GLOBE 的案例
研究［J］. 管理案例研究与评论,2015,8(5).

［4］方慧,赵甜. 中国企业对"一带一路"国家国际化经营方式研究——基于国家
距离视角的考察［J］. 管理世界,2017(7).

［5］冯正强,陈立龙. 企业国际化经营的市场进入方式选择［J］. 国际贸易问题,
2005(8).

［6］胡浩. 论文化差异对国际直接投资的影响［J］. 社会科学,2004 (10).

［7］蒋冠宏,蒋殿春. 绿地投资还是跨国并购:中国企业对外直接投资方式的选
择［J］. 世界经济,2017(7).

［8］吴冰,阎海峰,杜子琳. 外来者劣势:理论拓展与实证分析［J］. 管理世界,
2018(6).

［9］王健林. 万达哲学［M］. 北京:中信出版社,2015.

［10］吴敏华. 中国企业海外投资进入方式选择:基于海尔与联想案例的比较研究
［J］. 世界经济研究,2008(11).

［11］汪涛,贾煜,王康,崔楠. 中国企业的国际化战略:基于新兴经济体企业的视
角［J］. 中国工业经济,2018(5).

［12］王浩,陈前恒,朱葛军. 中国企业海外农业投资行为分析——基于企业的深度
访谈调查［J］. 农村经济,2013(1).

［13］汉迪. 第二曲线［M］. 北京:团结出版社,1997.

［14］克里斯坦森. 创新者的解答［M］. 北京:中信出版社,2010.

教师教学资源服务指南

关注微信公众号**"高教财经教学研究"**，可浏览云书展了解最新经管教材信息、申请样书、下载课件、下载试卷、观看师资培训课程和直播录像等。

课件及资源下载

电脑端进入公众号点击导航栏中的"教学服务"，点击子菜单中的"资源下载"，或浏览器输入网址链接http://101.35.126.6/，注册登录后可搜索相应资源并下载。

样书申请及培训课程

点击导航栏中的"教学服务"，点击子菜单中的"云书展"，了解最新教材信息及申请样书。

点击导航栏中的"教师培训"，点击子菜单中的"培训课程"即可观看教师培训课程和"名师谈教学与科研直播讲堂"的录像。

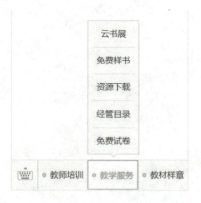

联系我们

联系电话：（021）56718921